Thomas Fuchs

111 Orte in Amsterdam, die man gesehen haben muss

111

emons:

Bibliografische Information der Deutschen Nationalbibliothek
Die Deutsche Nationalbibliothek verzeichnet diese Publikation in der Deutschen Nationalbibliografie; detaillierte bibliografische Daten sind im Internet über http://dnb.d-nb.de abrufbar.

MIX
Papier | Fördert gute Waldnutzung
FSC® C083411

Covergestaltung: Karolin Meinert
Layout: Eva Kraskes, nach einem Konzept
von Lübbeke | Naumann | Thoben
Kartografie: altancicek.design, www.altancicek.de
Kartenbasisinformationen aus Openstreetmap,
© OpenStreetMap-Mitwirkende, ODbL
Druck und Bindung: CPI – Clausen & Bosse, Leck
Printed in Germany 2024
Erstausgabe 2013
ISBN 978-3-7408-2322-1
Komplett überarbeitete Neuauflage 2024

Vorwort

Die erste Auflage dieses Buches erschien 2013. In den folgenden Jahren wurde der Titel immer wieder behutsam aktualisiert. Als die Neuauflage für das Jahr 2020 anstand, passierte, woran sich die meisten Menschen noch erinnern werden. Die Auflage erschien nicht. Nach dem Ende der Pandemie zeigte eine Bestandsaufnahme, dass nicht nur viele Orte der letzten Ausgabe nicht mehr existierten oder aus anderen Gründen obsolet geworden waren, auch Einträge, die für die Neuauflage vorgesehen waren, hatten sich aus diversen Gründen erledigt. Weshalb Autor und Verlag entschieden, den Titel nicht einfach nur zu aktualisieren, sondern grundlegend zu renovieren. Mittlerweile hat sich die Lage wieder beruhigt. Die Besucherzahlen von Amsterdam erreichen das Niveau von Vor-Corona-Zeiten. Ist also alles wieder beim Alten?

Ja – und nein. Einerseits ist man nun bemüht, die Besucherströme zu kontrollieren und gegebenenfalls zu deckeln. Mehr Qualität, weniger Sauftouristen aus England, weniger Kreuzfahrer und Reisebusse ist das Ziel. Wie sich das alles entwickelt, bleibt abzuwarten.

In einem anderen Punkt hat sich Amsterdam kaum verändert. Was das wahre Amsterdam, den wahren Amsterdamer auszeichnet, wird vor Ort immer noch mit Hingabe diskutiert. Wer bei diesem Thema mitreden oder zumindest mehr Facetten der Stadt als üblich kennenlernen will, der dürfte in diesem Buch einiges an Anregungen finden.

PS: Hier werden unter anderem Lokalitäten, Läden oder andere Etablissements vorgestellt. Der Verfasser hat in keinem Fall eine wie auch immer geartete Kompensation dafür erhalten. In Zeiten der Influencer-Wegelagerei ist ein solcher Hinweis angebracht. Die Gründe dafür sind simpel. Zum einen macht der Autor so etwas nicht und zum anderen sind die meisten Holländer für diese Form der Promotion zu geizig. Last but not least: Eine Erwähnung eines Ortes bedeutet nicht zwangsläufig, dass er empfohlen wird. Sondern vor allem, dass er – wie der Titel der Reihe verspricht – sehenswert ist.

Praktische Hinweise

Unter dem Lauftext zu jedem Ort findet sich die vollständige Anschrift. In Klammern dahinter der Verwaltungsbezirk. Derer gibt es in Amsterdam acht: Centrum, Nieuw West, Noord, Oost, West, Zuid, Zuidoost und Weesp.

Im Centrum treten sich die Touristen auf die Füße. In Oost und West zeigt die Stadt ihr Alltagsgesicht. Noord ist die oft übersehene Seite von Amsterdam, Zuid (Süd) überwiegend gediegen bis nobel. In Nieuw West und Zuid Oost liegen – allerdings nicht nur – Problemviertel, wie man sie aus anderen Großstädten kennt. Weesp liegt tief in der Provinz Noord Holland, gehört jedoch verwaltungstechnisch zu Amsterdam. Mehr über Weesp steht in dem Band »111 Orte in Nordholland, die man gesehen haben muss«.

Nach der Adresse folgen der Google-Map-Code und – falls sinnvoll – eine Webseite. Auf die Angabe von Öffnungszeiten, Preisen und Telefonnummern wurde verzichtet, weil die sich zu oft ändern.

Was den öffentlichen Nahverkehr betrifft, wurden Tramlinien bevorzugt, gefolgt von denen der Metro (M). Busverbindungen wurden nur erwähnt, wenn kein anderes Verkehrsmittel in der Nähe verfügbar ist. Fährverbindungen (F) beziehen sich auf den Abfahrtsort Centraal Station. Bei Orten, die sich in einem Radius von gut einem halben Kilometer befinden, wurde grundsätzlich die Centraal Station als nächste Beförderungsmöglichkeit angegeben.

Für die Nutzung des Nahverkehrs empfiehlt sich eine Tageskarte (kann bei *GVB Tickets & Informatie* direkt gegenüber der Centraal Station erworben werden). Beim Verlassen der Tram erinnert eine Stimme vom Band daran, die Karte vor den Scanner zu halten. Was passiert, wenn man das nicht tut, liegt im Nebel. Der Legende nach wird die Karte nach zwölf Mal Nicht-Auschecken ungültig. Allerdings kennt der Verfasser niemanden, der gelangweilt oder verschusselt genug war, um dies zu überprüfen.

In der Metro hingegen kann es in seltenen Fällen tatsächlich kompliziert werden. Öffnet sich hier nach dem Auschecken das Gatter nicht, kommen Sie nicht raus. Dann ist es am einfachsten, hinter jemand anderem hinauszuschlüpfen oder über eine Infosäule (steht in der Regel in der Nähe der Ausgänge) um Unterstützung zu bitten.

Die Stadt auf dem Rad zu erkunden, ist eine gute Idee. Viele Hotels bieten Leihräder an oder kennen Verleiher. Von Gruppenausflügen mit deutlich erkennbaren Mieträdern, womöglich unter Anleitung von Stadtbilderklärern, wird abgeraten. Denn spätestens, wenn Sie im Pulk eine Kreuzung blockieren, um den Erläuterungen Ihres Reiseleiters zu lauschen, dürften Sie die Einheimischen von einer Seite kennenlernen, die Ihnen lieber verborgen geblieben wäre.

111 Orte

1 Das 1e Klas
Elvis has not left the building | 12

2 Der A'DAM Turm
Schwindelerregende Höhen | 14

3 Die Albert-Cuyp-Garage
Parken unterm Wasser | 16

4 Die Amtswohnung
Wo die Herrin der Stadt zu Hause ist | 18

5 Die Amstel Station (Stationshal)
Leben in vollen Zügen | 20

6 Die Amsterdam Pirates
Wo die Honks zu Hause sind | 22

7 Der Amsterdamse Bos
Die grüne Lunge der Stadt | 24

8 Das André-Hazes-Denkmal
H6 genoss das Leben in vollen Zügen | 26

9 Das Anne-Frank-Denkmal
Fluchtpunkt in der Fremde | 28

10 Artis
Das total tolle Tierparadies | 30

11 Die Asscher Diamantenschleiferei
Der Schnitt seines Lebens | 32

12 De Balie
Dropje voor dropje kwaliteit | 34

13 Die Beurspassage
Shoppen bei der Ursuppe | 36

14 De Bezige Bij
Die Schrift an der Wand | 38

15 Der Bijenkorf
Big Business und bienenfleißig | 40

16 De blaffende vis
Karneval im Stehen | 42

17 De Blauwe Engel
Von Kopf bis Fuß auf … | 44

18 Das Blauwe Theehuis
Blaumachen mit Stil | 46

19 Die Boerejongens
Der Stoff, aus dem Träume sind | 48

20 Bomb
Der tiktokende Knalleffekt | 50

21 Das BonTon
Den Stars die Stange halten | 52

22 Das Bougainville
Das Jahr an der Weltspitze | 54

23 Der Bronze-Finger
Warnung und Mahnung zugleich | 56

24 Das Café Brecht
Verfremdungseffekte für Großstadtpoeten | 58

25 Die Canal Sky Bridge
Über sieben Grachten sollst du gehn | 60

26 Das Carrousel
Hier dreht sich alles nur um eines | 62

27 Der Chin Chin Club
Cool Cats und Glückskatzen | 64

28 Das Cinétol
Zwischen Kintopp und Tempel | 66

29 Die Condomerie
Geschichten und Gestalten rund um den Gummi | 68

30 The Diamond
Die wenig glitzernde Ecke | 70

31 Die drei Dromedare
Die Karawane zieht ihren Weg | 72

32 E. L. van Halen
Wo Eddies Eruption begann | 74

33 Die Embassy of the Free Mind
Geben Sie Gedankenfreiheit, Sire | 76

34 Der Engelbewaarder
Schutzengel für einsame Seelen | 78

35 Evert's Vishuisje
Der junge Mann und das Meer | 80

36 Das EYE
Viele Filme aus dem Flachland | 82

37 Das Faralda-Kraanhotel
Über den Wolken | 84

38 Die FeBo
Essen aus dem Schließfach | 86

39___ Die Feuerwache Dirk
Brennen für die Stadt | 88

40___ Die Fitz's Bar
Mit Cocktails ganz nach oben | 90

41___ Fleur & Wouter
Mit Kunst & Künstlern auf Du & Du | 92

42___ Der Flowershop Ivy
Er sagt dir, wo die Blumen sind | 94

43___ Das Free Willie
Freikörperkultur | 96

44___ Die Fromagerie L'Amuse
Betty Koster, die Käsekönigin | 98

45___ Der Gerard Douplein
Der dritte Platz | 100

46___ De Hallen
Fast alles unter einem Dach | 102

47___ Das Helling 7
Blendende Aussichten am Hafen | 104

48___ HEMA
Vielfalt in der Einheit | 106

49___ Der Herepoort
Hin und Her um ein Hauptstadttor | 108

50___ Hermanusje van alles
Der Kramladen für alle | 110

51___ Das Hirschgebouw
Nicht fürn Apple und 'n Ei | 112

52___ Hochzeit für einen Tag
Probelauf in Weiß | 114

53___ Huis met de kabouters
Zwei Kobolde und ein Ball | 116

54___ Jimmy Woo
Ein Chinese ohne Kontrabass | 118

55___ Johan Cruyffs Geburtshaus
Die Wiege des Weltfußballs | 120

56___ Der Johnny Jordaanplein
Im tiefsten Herzen von Amsterdam | 122

57___ Das Keith Haring Mural
Wandbild im Wandel der Zeit | 124

58___ Der Knopenwinkel
Spitz auf Knopf | 126

59 Das Lieverdje
Publicity und Provokation der Provos | 128

60 Mahara
Whole Lotta Holistic | 130

61 Mail & Female
Nur für Frauen | 132

62 Das 't Mandje
Ein Frauenruheraum | 134

63 Maria Sibylla Merian
Der Kuss der Spinnenfrau | 136

64 Das Max Euwe Centrum
Der Weltmeister, der aus Holland kam | 138

65 Das Moco Museum
Moderne Kunst für moderne Zeiten | 140

66 Das Muizenhuis
Von Mäusen und Menschen | 142

67 Das Museum Vrolik
Eine verblüffende Erfahrung | 144

68 Der NAP
Dem Wasser auf den Grund gehen | 146

69 Das Nationaal Holocaust Museum
Gedenken für Generationen | 148

70 Das Nemo
Wissen ist Macht (für Kinder) | 150

71 Das NHOW Hotel
Würfeln um das Glück der Gäste | 152

72 Nicholas Groente & Fruit
Zwischen Kunst und Käse | 154

73 Das Nio House
Im Strom der neuen Zeit | 156

74 nNea Pizza's
Teile und herrsche | 158

75 Das Noorderparkbad
Planschen auf Weltniveau | 160

76 Die Onbekende Gracht
Denkmal für einen Wasserlauf | 162

77 Ons lieve heer of solder
Von Glauben und Bekennen | 164

78 Our House
Tour durch den Techno-Tempel | 166

79___ Das Papeneiland
Kuchen für Clinton, Rezepte für Hillary | 168

80___ Das Paradiso
Glaubensfragen in der Welt der Musik | 170

81___ Die Peperbus
Rundum unter Spannung | 172

82___ Das PIC
Innenansichten von Insidern | 174

83___ Der Pink Beach
Ein Blick durch die rosarote Brille | 176

84___ Das Polderhaus
Eines der letzten seiner Art | 178

85___ Die Rechtbank
Der Riese mit dem großen Herz | 180

86___ Das REM-Eiland
Shiny Happy People | 182

87___ Roetz Fiets
Ja, mir san mit'm Radl da | 184

88___ Romantic Tour
Unter Brücken und Balladen | 186

89___ Die Rijksmuseum Expeditie
Unkonventionelle Kunsterlebnisse | 188

90___ Die Sauna Deco
Schwitzen in kunstvoller Umgebung | 190

91___ Schiffmacher & Veldhoen
Körperkunstwelten | 192

92___ Das Skinlyft
Faziale Fitness gegen Falten | 194

93___ Die Staalmeesterbrug
Die malerischste Brücke der Welt | 196

94___ Staxi Lady
Frauen auf dem Fahrersitz | 198

95___ Das STRAAT
Der Gral aller Graffiti-Künstler | 200

96___ Die Suite 702
Die Ballade von John und Yoko | 202

97___ Das Tilla Tec (Ex-De School)
Non scholae, sed vitae discimus | 204

98___ Tommy Page
Le style est l'homme | 206

99 — Das Torpedo Theater
Theater, Texte & leise Töne | 208

100 — Das Tuschinski
Mehr als hundert Jahre Kino-Geschichte | 210

101 — Die unbekannte Kneipe
Kein Ort, nirgends | 212

102 — The Upside Down
Wo die Welt Kopf steht | 214

103 — Das Volkshotel
Stop the Press! | 216

104 — Das Wakuli
Alles andere als kalter Kaffee | 218

105 — Der Wertheimpark
Eine Oase der Stille | 220

106 — Der Wijnhandel Logie
Alter Wein in ganz alten Fässern | 222

107 — Die Windmühle im Amstelpark
Der beste Freund von Don Quijote | 224

108 — Der Winkel 43
Käsekuchen, konkurrenzlos | 226

109 — Der Wolkenkrabber
Das Hoch-Häuschen | 228

110 — Die Zevenlandenhuizen
Europäische Union en miniature | 230

111 — Der Zorgvlied-Friedhof
Brood und Spiele | 232

1 Das 1e Klas

Elvis has not left the building

Der Amsterdamer Hauptbahnhof Centraal Station ist so etwas wie Stuttgart 21 in Dauerschleife. Dauernd wird an irgendeiner Ecke rumgehämmert, gebohrt oder gesägt, ohne dass man nach Abschluss der Bauarbeiten sagen könnte, was sich denn nun verbessert habe. Ein Glück, dass es in diesem ewigen Tohuwabohu auch einen Ort der Ruhe gibt. Das Grand Café Restaurant 1e Klas direkt im Bahnhof ist von dem Trubel an den Gleisen so weit entfernt wie die Centraal Station vom Abschluss der Bauarbeiten.

In dem hochherrschaftlichen Ambiente umfangen einen Ruhe und Gelassenheit. Kellner mit langen weißen Schürzen bedienen ihre Gäste mit jener Mischung aus Zuvorkommenheit und Herablassung, die für höherpreisige Etablissements typisch ist. Ein weiterer Vorzug des Cafés / Restaurants besteht darin, dass man hier wirklich bequem sitzen und die Beine ausstrecken kann. Das ist in Amsterdam nicht so selbstverständlich, wie man vielleicht denkt. Egal, ob man hier kurz nach der Ankunft Station macht, um sich ein wenig zu sammeln oder vor der Abreise, um die Erlebnisse Revue passieren zu lassen – einkehren sollte man auf jeden Fall.

Aber Ambiente und Gediegenheit hin oder her, der unangefochtetene Star des 1e Klas ist Elvis, ein australischer Kakadu, der mittlerweile auch nach menschlichen Maßstäben die Volljährigkeit erreicht haben dürfte. Was ihn aber nicht daran hindert, zu allen möglichen Zeiten und Unzeiten Schabernack zu treiben. Die meiste Zeit äugt er vergnügt in den Saal und turnt auf seiner Leiter zwischen den Fressnäpfen herum. Aber wenn ihn Gäste besonders interessieren, dann startet er auch schon zu einer Expedition in den Gastraum, dass er dabei sein Klettergerüst hinter sich herziehen muss, stört ihn wenig. Elvis ist das einzige Lebewesen, dass rund um die Uhr in der Centraal Station lebt. Nur als es während der Pandemie zu einsam wurde, zog er in eine Tierpension um. Es gab nicht wenige Stammgäste, die ihn dort während dieser Zeit besuchten.

Adresse Am Gleis (Spoor) 2, Stationsplein 15, 1012 AB Amsterdam (Centrum) | ÖPNV Centraal Station | Google-Maps-Code 9WH2+79 Amsterdam, Niederlande | Netz restaurant1eklas.nl | Tipp Wie lange sich der Trend hält, wird man sehen, aber derzeit sind auf dem Bahnhof »Roeptoetermannen« aktiv, Männer, die auf einer Leiter sitzen und durch Flüstertüten (manchmal humorvolle) Durchsagen machen. Das soll den Berufsverkehr auflockern.

2 Der A'DAM Turm

Schwindelerregende Höhen

Fast alle Metropolen in der westlichen Hemisphäre haben ein Wahrzeichen, das bei Triumphen und Tragödien angestrahlt wird. Nun haben zwar viele Menschen ein Bild von Amsterdam – die Grachten, die Giebel, die Brücken –, aber ein Wahrzeichen wie den Eiffelturm oder das Brandenburger Tor gibt es nicht. Weshalb in Amsterdam diese repräsentative Funktion vom A'DAM Toren (das heißt nichts anderes als Turm) übernommen wird. Siegt die Fußballnationalmannschaft, leuchtet der Turm orange, gewinnt Ajax die Meisterschaft (was in letzter Zeit eher selten vorkam), erstrahlt er rot-weiß.

Wer mit dem Zug in Amsterdam ankommt, sieht den A'DAM-Turm, sowie er das Bahnhofsgebäude verlässt. Der Turm steht auf der anderen Seite des Gewässers IJ, also auf der Nordseite, und fällt durch seinen weißen Mast mit den drei X, die auch das Stadtwappen von Amsterdam zieren, sofort ins Auge.

Der Turm wurde in den 1960er Jahren als Zentrale des Shell-Konzerns erbaut, der aber um die Jahrtausendwende das Gebäude wieder verließ. In den Nuller Jahren wurde dem Turm die auffällige Krone verpasst, und dadurch wuchs er genau auf hundert Meter. Das neue Konzept war so gedacht, dass man hier einen ganzen Tag verbringen kann, ohne den Turm zu verlassen. Am beliebtesten ist die Aussichtsplattform hoch auf dem Dach mit ihren Himmelsschaukeln, auf denen man sich weit auf das Wasser schwingen und eine atemberaubende Aussicht genießen kann. Jährlich wird die Plattform von etwa 800.000 Leuten besucht, davon wagt sich gut die Hälfte auf die Schaukel. Im Gebäude gibt es unter anderem eine Musikschule, was aber für Touristen nicht sooo interessant sein dürfte, der Nachtclub im Keller schon eher. Der heißt Shelter und ist im Design an einen Luftschutzkeller angelehnt. Was auf den ersten Blick wenig einladend klingt, aber es handelt sich dennoch um eine Location, die sehr stylish ist.

Adresse Overhoeksplein1, 1031 KS Amsterdam (Noord) | **ÖPNV** F 3, Haltestelle Buiksloterweg | **Google-Maps-Code** 9WM2+FV Amsterdam, Niederlande | **Netz** adamtoren.nl | **Tipp** Sexyland World (Noordwal 1, 1021 PX Amsterdam). Der Name ist bewusst irreführend. Hier geht es um Kunst und Kreativität (aber schon auch ums Nachtleben).

3 Die Albert-Cuyp-Garage

Parken unterm Wasser

Amsterdam war nie ein Paradies für Autofahrer. Eher die Hölle, wenn nicht das, dann zumindest ein Fegefeuer. Amsterdam soll die erste Stadt auf dem europäischen Festland gewesen sein, in der Parkuhren angeschafft wurden. Mittlerweile gibt es nur noch im Norden Ecken, wo man einfach so parken kann, aber auch das wird spätestens 2026 vorbei sein. Muss ein Fahrzeug abgeschleppt werden – das passiert circa 7.500-mal im Jahr –, schlägt das mit über 400 Euro zu Buche. Das ist nationaler Rekord, und ja, da ist man hier stolz drauf. Autos und Rundreisebusse sowieso sollen aus der Innenstadt verdrängt werden. Das ist politisch gewollt, jedoch beim Volk nicht unbedingt beliebt. Es gibt in Amsterdam immer noch eine Viertelmillion Kraftfahrzeuge, und auf eigenen vier Rädern unterwegs zu sein, ist weiterhin beliebter als der öffentliche Nahverkehr. Wer dennoch mit dem eigenen Auto nach Amsterdam fahren will, sollte sich ein Hotel auf der Nordseite suchen, wo es, wie bereits erwähnt, nicht nur noch Parkgelegenheiten, sondern auch kostenlose Hotelparkplätze gibt. Wer dennoch unbedingt in die Innenstadt möchte, sollte seinen Wagen in der Albert-Cuyp-Garage abstellen, da gibt es zum – teuren – Parken wenigstens noch ein architektonisches Erlebnis.

Das Parkhaus wurde 2018 eröffnet, 2019 mit dem »Betonpreis« (den gibt's wirklich) ausgezeichnet. Entworfen wurde es von Max Bögls Architekturbüro, der auch die Nord-Süd-Verbindung der Metro zu verantworten hat. Der Clou des Parkhauses besteht darin, dass es unter dem Wasser einer Gracht erbaut wurde – obwohl man davon im Parkhaus wenig merkt. Der Entwurf ist so gestaltet, dass man mit so wenig Stützpfeilern wie möglich auskommt. Das ist alles schon recht imposant. Wo oben früher Parkplätze waren, stehen nun Blumenkübel an einer Flaniermeile. Und wer ganz ohne Auto unterwegs ist, kann das Parkhaus trotzdem nutzen, denn es gibt auch einen Abschnitt für Fahrräder.

Adresse Ruysdaelkade 93, 1072 AM Amsterdam (Zuid) | **ÖPNV** M 52, Haltestelle De Pijp | **Google-Maps-Code** 9V4P+7R Amsterdam, Niederlande | **Tipp** Bisschen weiter draußen, aber mit guter Verkehrsanbindung (und vergleichsweise günstig): P+R RAI Amsterdam (Europaboulevard, 1078 GZ Amsterdam).

4 Die Amtswohnung

Wo die Herrin der Stadt zu Hause ist

Femke Halsema ist seit 2018 Bürgermeister von Amsterdam. Als erste Frau in der jahrhundertealten Geschichte der ruhmreichen Stadt. Und wer jetzt sagt: »Das muss doch Bürgermeister*in* heißen«, der soll das mit ihr abmachen. Ihr offizieller Titel lautet Bürgermeist*er*, und sie wird ihre Gründe dafür haben, weshalb sie das so hält.

Die politische Heimat von Frau Halsema heißt GroenLinks, eine Partei, die den deutschen Grünen ziemlich stark und den deutschen Linken kaum ähnelt. Eigentlich wollte sie schon Jahre vor ihrem Amtsantritt nichts mehr von der Politik wissen. Aber wie das halt so ist, nachdem sie in ihren Memoiren mit dem Politikbetrieb abgerechnet hatte, kehrte sie zurück und schlang sich die Bürgermeisterkette um den Hals.

Femke polarisiert seit dem ersten Tag im Amt. Die einen lieben sie, andere arbeiten sich gern an ihr ab. Ihre Vorgänger glänzten mit Volkstümlichkeit. Dass die Lehrertochter ein makelloses Niederländisch spricht, welches sie schon nach wenigen Silben als Teil der Oberschicht ausweist, sorgte für Spott. Das kann man sich in Deutschland schwer vorstellen, aber dass Politiker durch den Kakao gezogen werden, weil sie ihre Muttersprache zu *gut* beherrschen, gibt es auch.

Wer Bürgermeister von Amsterdam werden will, schreibt sich den Kampf für die Freiheit auf die Fahnen. Das ist bei Femke Halsema nicht anders. Ihr geht es vor allem um Randgruppen und Minoritäten, von denen sich aber nicht alle über ihre Aufmerksamkeit freuen. Aber sei es wie es sei, nach einigen Turbulenzen in der ersten Amtszeit wurde Femke Halsema 2024 für weitere sechs Jahre im Amt bestätigt.

Ihren Dienstsitz hat die Bürgermeisterin in Herengracht 502. Ein reicher Bürger schenkte das alte Kaufmannshaus der Stadt 1927 unter der Bedingung, dass das Stadtoberhaupt hier auch wohnt. Im Netz gibt es detaillierte Pläne vom Innern des Gebäudes, auch eine virtuelle Führung. Das muss reichen. Denn schließlich hat die Chefin genug zu tun.

Adresse Herengracht 502, 1017 CB Amsterdam (Centrum) | **ÖPNV** Tram 4, 14, Haltestelle Muntplein | **Google-Maps-Code** 9V7V+X9 Amsterdam, Niederlande | **Tipp** Der Burgerzaal im Paleis am Dam, wo 1997 – verkürzt gesagt – aus der EG die EU wurde.

5 Die Amstel Station (Stationshal)

Leben in vollen Zügen

Der schönste Bahnhof der Benelux-Staaten ist vermutlich der von Antwerpen, aber auch in den Niederlanden gibt es einige, die die An- oder Abreise allein durch ihren Anblick verschönern können. Vor einigen Jahren wurde der Bahnhof von Klimmen-Ransdaal im holländischen Limburg – er ist einem englischen Landhaus nachempfunden – von Eisenbahnfans zum schönsten des Landes gewählt. Manche sagen, dass auch die Amsterdamer Centraal Station zu den imposanten Bauwerken gehört –, unter anderem, weil es dort einen königlichen Wartesaal gibt –, aber es lässt sich schwerlich leugnen, dass der Entwurf über weite Strecken eine Variation des Rijksmuseums ist. Da ist die Station Amstel auf jeden Fall interessanter.

Als der Bahnhof im Sommer 1939 eröffnet wurde, gehörte er zu den modernsten seiner Zeit. Alles licht und hoch und hell. Wie geschaffen, um die Vorfreude auf die Ferienzeit zu schüren. Zumindest in den Niederlanden glückte das in dem Jahr noch. Der Bau wurde einer Kathedrale nachempfunden, und das sollte der Bahnhof auch sein, ein Ort, an dem den verschiedenen Verkehrsmitteln gehuldigt wird, die sich hier treffen und die Welt erfahrbar machen.

In den Jahrzehnten nach dem Zweiten Weltkrieg ging viel von dem ursprünglichen Konzept verloren, doch als man Anfang dieses Jahrzehnts den Bahnhof renovierte, wurden die Wandmalereien in alter Pracht wieder hergestellt. Sie stammen von Peter Alma, der in seinen Bildern den Siegeszug der Lokomotive illustrieren wollte und zeigen möchte, wie Reisen die Welt verbindet. So gibt es neben typisch niederländischen Windmühlen auch den Eiffelturm, das Empire State Building und die Sphinx zu sehen. Und auch wenn (Bahn-)Reisen heutzutage eine eher prosaische Angelegenheit geworden sind, Almas Gemälde haben einiges von dem Zauber, der einst von einer Bahnreise in ferne Länder ausging, für die Gegenwart bewahrt.

Adresse Julianaplein 1, 1097 DN Amsterdam (Oost) | ÖPNV Tram 2, Haltestelle Amstel | Google-Maps-Code 8WW9+VC Amsterdam, Niederlande | Tipp Das Museum Perron Oost (Cruquiusweg 11, 1019 AT Amsterdam) zeigt 150 Jahre Geschichte im »kleinsten Museum der Welt« (Eigenwerbung).

6 Die Amsterdam Pirates

Wo die Honks zu Hause sind

Baseball ist in Holland weit mehr als eine Randgruppensportart. Was man unter anderem daran erkennt, dass selbst die Bezeichnung ins Holländische adaptiert wurde. »Honkbal« bezeichnet nicht einen Sport, der von Vollhorsten ausgeübt wird, sondern steht einfach für »Basisball«.

Darüber hinaus wurde Holland unzählige Male Europameister, aber das ist natürlich alles nur die Hälfte wert, wenn man nicht im Mutterland des Sports zu Ehren kommt. Und hier kommt Han Urbanus ins Spiel. Der Mann wurde 1927 – ausgerechnet – in Rotterdam geboren, zog aber schon im zarten Alter von sieben Jahren nach Amsterdam. Dort ging er als Elfjähriger zum ersten Mal zum Baseballtraining beim OVVO Amsterdam. Wenn niederländische Sportvereine von Gymnasiasten gegründet werden, haben sie gerne griechische Namen (vergleiche Ajax Amsterdam oder Sparta Rotterdam), Normalsterbliche geben sich gerne einen Sinnspruch als Vereinsnamen. OVVO steht für »Op Volharding Volgt Overwinning«, was man sinngemäß mit »Steter Tropfen höhlt den Stein« übersetzen könnte. Oder auch »Durch Beharrlichkeit zum Sieg«.

Und Beharrlichkeit wurde schnell so was wie Hans zweiter Vorname. Er begann als Werfer und wurde fünf Mal hintereinander Landesmeister. 1952 besuchte er ein Trainingscamp der New York Giants, wo man aber mit seiner Technik nicht zufrieden war. Han machte sich jede Menge Notizen, die er neben einem Lehrfilm zurück in seine Heimat nahm. Als ein Jahr später ein professionelles Angebot aus den USA kam, hatte Urbanus gerade geheiratet und wollte nicht weg von zu Hause. Also konzentrierte er sich darauf, für seinen Sport in seiner Heimat zu werben, wo er außerdem noch jede Menge Meistertitel einfuhr. Seine Leidenschaft vererbte er an seine beiden Söhne, die ebenfalls Europameister wurden.

Und aus dem OVVO wurden über einige Etappen die Amsterdam Pirates, wo man heute Urbanus' Nachfahren bei ihrem Lieblingssport bewundern kann.

Adresse Herman Bonpad 5, 1067 SN Amsterdam (Nieuw West) | **ÖPNV** Tram 7, 27, Haltestelle Osdorpplein | **Google-Maps-Code** 9Q8X+JH Amsterdam, Niederlande | **Netz** amsterdampirates.nl | **Tipp** Es muss wirklich nicht immer Ajax sein. Die Amsterdam Tijgers sind das Eishockey-Team der Stadt, das seine Heimspiele in der Jaap Eden Eisbahn (Radioweg 64, 1098 NJ Amsterdam) austrägt.

7 Der Amsterdamse Bos

Die grüne Lunge der Stadt

Wenn man von einer gewissen mehrblättrigen Pflanze absieht, gilt Amsterdam nicht unbedingt als grüne Stadt. Steingrau und roter Backstein überwiegen. Der Vondelpark ist der größte der Stadt, mit nicht sehr beeindruckenden 45 Hektar (zum Vergleich: Der Englische Garten in München hat 384 Hektar). Also schlug der Amsterdamer Bürgermeister vor knapp 100 Jahren dem Oberhaupt der Nachbargemeinde Amstelveen vor, gemeinsam einen Park anzulegen.

Wie man auch heute noch sieht, ziehen sich Großprojekte immer hin, und als man 1934 endlich mit den Arbeiten beginnen konnte, war inzwischen die Weltwirtschaftskrise ausgebrochen, und die Errichtung des Erholungsgebietes wurde zu einer großen Arbeitsbeschaffungsmaßnahme. Die Arbeiten wurden nach dem Zweiten Weltkrieg beendet, gar erst 1970 wurde der letzte Baum gepflanzt.

Konzeptionell ist der Amsterdamse Bos ein Mix aus deutschem und englischem Parkdesign, aber da einige Bäume inzwischen ein ansehnliches Alter erreicht haben, wirkt er an manchen Stellen wie ein ausgewachsenes Wäldchen. Außerdem gibt es hier eine kleine Waldbühne, einen Campingplatz, ein Pfannkuchenrestaurant und einen Nacktbadestrand. Ruderer können auf der Bosbaan um die Wette rudern; nicht nur Amateure, auch Hochleistungssportler. Freizeitsport ist ebenso möglich: Reiten, Kanufahren, im Winter Rodeln – das ganze Programm halt.

Der Amsterdamer Bos wurde schnell von den Einheimischen als grüne Lunge angenommen. Zu Hippie-Zeiten fanden hier Konzerte statt, die genau wie das große Vorbild Woodstock mit Regen, Schlamm und mangelnder Stromversorgung zu kämpfen hatten. Später gab es auch Demonstrationen gegen den Vietnamkrieg.

Heute wird das Naherholungsgebiet von den Amsterdamern wie folgt genutzt: 26 Prozent wandern, 20 Prozent führen den Hund aus, 20 Prozent joggen, 14 Prozent genießen die Natur, 12 Prozent gehen ins Restaurant, 10 Prozent radeln.

Adresse Bosbaanweg 5, 1182 DA Amstelveen | ÖPNV von Centraal Station Bus 170, 172, Haltestelle Koenenkade | Pkw Auf der A 10 (Stadtring) bis zur Ausfahrt Buitenveldert (S 108), dann stadtauswärts auf dem Amstelveenseweg, Bosbaan ist dann 1. große Kreuzung rechts. | Google-Maps-Code 8R7J+XW Amstelveen, Niederlande | Tipp Der Fun Forest (Bosbaanweg 3, 1182 DA Amstelveen) bietet Kletterspaß für Kinder ab 130 Zentimetern.

8 Das André-Hazes-Denkmal

H6 genoss das Leben in vollen Zügen

Wer alt genug ist, kann sich vielleicht noch an die vielen seltsamen Acts erinnern, die damals vor allem über den in Bremen produzierten »Musikladen« nach Deutschland geschmuggelt wurden (Pussycat, George Baker Selection, Vader Abraham et al.). Aber natürlich gibt es auch gute Acts, und die gegenwärtige Präsenz von Niederländern beispielsweise in der elektronischen Tanzmusik (Tiësto, Fedde Le Grand, Armin van Buuren et cetera) ist beeindruckend und steht wohl in direktem Zusammenhang mit der Partylaune ihrer Landsleute.

Daneben gibt es aber auch noch sogenannte Volksmusik, bei der man nie ganz sicher ist, ob es ein Verlust oder ein Glück ist, dass sie im Ausland so gut wie unbekannt ist. Zu deren exponierten Vertretern gehörte André Hazes, dessen Nachnamen Fans mit »H6« (6 für niederländisch »zes«) abkürzten. Hazes wuchs in dem Amsterdamer Viertel De Pijp auf, sein Gesangstalent wurde entdeckt, als er auf dem Albert-Cuyp-Markt losschmetterte. Sein Markenzeichen waren große, mit Inbrunst, Gefühl und Vibrato vorgetragene Balladen, die – obwohl sie oft eher an Sprechgesang als an klare Melodiebögen erinnerten – von einem großen Publikum begeistert mitgesungen wurden. Die meisten Fans kannten die Lieder fast noch besser als der Interpret. Dabei wollte André als kleiner Junge noch Rock 'n' Roll und Rhythm and Blues spielen.

Hazes, der ein genauso leidenschaftlicher Milchtrinker wie Harald Juhnke war, verstarb am 23. September 2004. Posthum wurde sein Werk »Zij gelooft in mij« (Sie glaubt an mich) noch einmal veröffentlicht und zu seinem größten Hit. Von dem Toten nahmen fast 50.000 Anhänger in der Amsterdam ArenA Abschied. Ein Jahr später wurde ein Teil seiner Asche am Strand von Hoek van Holland übers Meer geschossen, am selben Tag wurde auch sein Denkmal auf dem Markt in der Albert Cuypstraat enthüllt.

Adresse Albert Cuypstraat, 1072 CN Amsterdam (Zuid) | ÖPNV Tram 4, Haltestelle Albert Cuypstraat | Google-Maps-Code 9V4W+HX Amsterdam, Niederlande | Tipp In der Mehrzweckhalle Ziggo Dome (De Passage 100, 1101 AX Amsterdam) werden spätestens zu den Jubiläumsfeierlichkeiten wieder Lieder von André erklingen.

9 Das Anne-Frank-Denkmal

Fluchtpunkt in der Fremde

Als Anne Frank 1934 zu ihrer Familie in die holländische Hauptstadt kam, war sie auf der Flucht und musste ganz von vorn anfangen. Doch es gelang dem Vater Otto Frank, sich schnell im niederländischen Geschäftsleben zu etablieren. Sie zogen an den Merwedeplein, damals ein Neubaugebiet; licht, luftig und modern. Anne Frank verbrachte hier die glücklichste Zeit ihres Lebens. Sie dauerte bis zum Einmarsch der Deutschen im Mai 1940. Um einer Deportation nach Auschwitz zu entgehen, versteckten sich die Franks ab 1942 im Hinterhaus der Firma des Familienoberhauptes in der Prinsengracht, wo Anne ihr später weltberühmtes Tagebuch begann. Am 4. August 1944 wurden Anne Frank und die anderen sieben Untergetauchten entdeckt und verhaftet. Sie kamen in das Lager Westerbork, von wo sie nach Auschwitz verschleppt wurden. Im KZ Bergen-Belsen verstarb Anne Frank im März 1945, vermutlich an Flecktyphus und den Folgen der Lagerhaft.

An einem Mittwoch, dem 3. April 1946 veröffentlichte der Journalist Jan Romain auf der Titelseite von Het Parool einen Artikel mit dem Titel »Kinderstem« (Kinderstimme). Er berichtet von einem Tagebuch aus dem Zweiten Weltkrieg, das durch Zufall in sein Blickfeld geraten war. Beim Rijksinstituut voor Ooorlogsdocumentatie waren damals schon über 200 Tagebuchaufzeichnungen archiviert worden, doch ein solches Dokument war bis dahin weder dem Journalisten noch den Mitarbeitern des Instituts unter die Augen bekommen. Romain imponierte die Klarheit des Ausdrucks, auch wenn Anne Frank im Alter von vier Jahren in die Niederlande gekommen war, war Niederländisch nicht ihre Muttersprache, und ihr Einblick in die Höhen und Tiefen der menschlichen Seele. Das Denkmal am Merwedeplein wurde am 9. Juli 2005 enthüllt.

Anne Frank ist die einzige Amsterdamerin, die mit zwei Monumenten geehrt worden ist. Das andere steht in der Nähe der Westerkerk.

Adresse Merwedeplein, 1078 Amsterdam (Zuid) | ÖPNV Tram 4, 12, Haltestelle Waalstraat / Churchilllaan | Google-Maps-Code 8WW2+63 Amsterdam, Niederlande | Tipp Weniger Tipp als Ergänzung: das Anne-Frank-Haus (Westermarkt 20, 1016 GV Amsterdam).

10 Artis

Das total tolle Tierparadies

Der Amsterdamer Zoo ist gerade 175 Jahre alt geworden. Gegründet wurde er 1838 von einer Gesellschaft mit dem Motto »Natura Artis Magistra« (was – wie wir alten Lateiner wissen – bedeutet: »Die Würfel sind gefallen.[1]«), was der Amsterdamer Volksmund zu Artis abkürzte. Artis ist ein typischer Großstadttiergarten aus dem 19. Jahrhundert. Das heißt, er verfügt über viele historische Gebäude, die einerseits schön anzusehen sind, aber andererseits Tierschützer auf die Palme bringen, weil man im vorletzten Jahrhundert unter artgerechter Haltung etwas anderes verstand als heute. Das zweite Problem ist die räumliche Begrenzung durch die Stadtlage. Artis wurde immer wieder mal erweitert und umgebaut. Anfangs wurde auf der Gracht, die durch den Tierpark führt, auch noch Berufsschifffahrt betrieben. Dies ärgerte aber die Mitarbeiter vom Zoo mächtig, denn wenn die Bootsleute nachts durchfuhren, nahmen sie manchmal heimlich Passagiere mit, die sich den Zoo dann gratis ansahen.

Die Zeit der deutschen Besatzung überstand Artis vergleichsweise glimpflich. Man hatte zu dieser Zeit einen Schweizer Chef, der es verstand, sich mit gelernter Neutralität herauszuhalten. Wie viele andere Tiergärten hat Artis auch ein Maskottchen, eine Rolle, die alle Jahre neu besetzt wird.

Nun könnte man fragen: Warum in Amsterdam einen Zoo besuchen, der letztlich dasselbe bietet wie mein Tiergarten zu Hause auch? Aus zwei Gründen: Erstens führt die Reise nach Artis über den Grachtengürtel hinaus – was schon mal grundsätzlich zu begrüßen ist –, und zweitens gibt es im Aquarium des Zoos eine Nachbildung der Amsterdamer Grachten. Hier kann man sehen, was man sonst nirgendwo erblickt: wie es unter der Wasseroberfläche aussieht. Das ist ziemlich verblüffend (man glaubt gar nicht, was manche Leute alles dort hineinwerfen).

[1] Ein Scherz! Konnte ja nicht wissen, dass Sie so streng sind. Also: »Die Natur ist die Lehrmeisterin der Kunst.«

Adresse Plantage Kerklaan 38–40, 1018 CZ Amsterdam (Oost) | ÖPNV Tram 14, Haltestelle Artis | Google-Maps-Code 9W88+CJ Amsterdam, Niederlande | Netz artis.nl | Tipp Das Tropenmuseum (Linnaeusstraat 2, 1092 CK Amsterdam) beherbergt exotische Bestände, die sich früher im Artis befanden.

11 Die Asscher Diamantenschleiferei

Der Schnitt seines Lebens

Die Diamantenschleiferei Asscher befindet sich seit Generationen in Familienbesitz, zeigt sich aber verschlossen: Es gibt keine Führungen. Trotzdem ist der Ort interessant, denn hier wurde im wahrsten Sinne des Wortes der Zeitgeist geschliffen. Und zwar der Cullinan, der größte Diamant der Welt. Der Edelstein wurde am 26. Januar 1905 in Südafrika gefunden. Der rohe Stein wog über ein Pfund und hatte 3.106 Karat. Er wurde mit ganz normaler Paketpost an den britischen Regenten Edward VII. gesendet, während sein Imitat schwer bewacht potenzielle Langfinger in die Irre leiten sollte.

Dem Schleifen des Cullinan widmete sich der Chef des Unternehmens persönlich. Joseph Asscher galt zu seiner Zeit als bester Diamantschleifer der Welt. Bevor er sich an sein Unternehmen heranwagte, hatte er in den Stein ein kleines »Fenster« geschliffen, um die Bruchlinien besser erkennen zu können. Dann lief er tagelang mit dem Diamanten in der Tasche durch die Gegend, ihn immer wieder abtastend, bis er mit der Struktur schon allein rein haptisch vertraut war. Am 10. Februar 1908 war es dann so weit. Joseph Asscher schlug einen kleinen Spalt in den Diamanten, um mit seiner Arbeit zu beginnen. Sollte er bei diesem Schritt einen Fehler machen, würde der Stein wie eine moderne Sicherheitsautoscheibe in tausend Splitter zerspringen. Die nervliche Anspannung beim Spalten war für Herrn Asscher so groß, dass er nach dem Schlag in Ohnmacht fiel. Seine Technik war dennoch tadellos. Aus dem Cullinan wurden neun große und 96 kleine Diamanten geschliffen.

Der größte erhielt den Namen »Großer Stern von Afrika«, und mit seinen 530,2 Karat sollte er das Zepter des britischen Monarchen schmücken, er wurde lange von der englischen Queen immer wieder gern als Brosche getragen.

Adresse Tolstraat 127, 1074 VJ Amsterdam (Zuid) | **ÖPNV** Tram 4, Haltestelle Lutmastraat | **Google-Maps-Code** 9W34+44 Amsterdam, Niederlande | **Netz** royalasscher.com | **Tipp** Das Diamantenmusuem im Museumsviertel (Paulus Potterstraat 8, 1071 CZ Amsterdam) ist sehenswert.

12 De Balie

Dropje voor dropje kwaliteit

De Balie ist ein Kulturzentrum. Hier kann man essen, trinken, debattieren und Kunst genießen. Aber das soll uns jetzt nicht interessieren. Denn De Balie ist auch ein Ort, an dem Amsterdamer Geschichte geschrieben wurde.

Es war im Jahre 2015. Damals überkam eine Amsterdamer Studentin vor den Stufen des Balie ein menschliches Bedürfnis. Wir verschweigen ihren Namen hier, weil kein Mensch ewig mit so einem Vorfall in Verbindung gebracht werden will. Aber die Frau ist mittlerweile durchaus ein Teil der Stadtgeschichte geworden, mit nicht wenig Prominenz, die immer mal wieder in den Nachrichten auftaucht und interviewt wird.

2015 war das noch anders. Da musste sie einfach mal. Und hatte das Pech, dass ein paar Leute vom Ordnungsamt (Handhavers) auf sie aufmerksam wurden. Nun ist es für eine Frau in so einer Situation noch schwerer, sich einfach in die Büsche zu schlagen. Sie wurde quasi auf frischer Tat ertappt und mit einem Bußgeld belegt.

Die Delinquentin weigerte sich zu bezahlen. Ihre Argumentation: Wat mutt, dat mutt, und außerdem hatte sie keine andere Chance gehabt, von einer öffentlichen Frauentoilette war weit und breit nichts zu sehen.

Da die junge Frau sich weigerte zu bezahlen, kam es zu einem Prozess. Die Argumente der Angeklagten wurden in der Verhandlung wie folgt gewürdigt: Die Buße wird nicht aufgehoben, denn sie hätte ja auch auf ein Pissoir gehen können. Worauf sich ein Aufschrei der Empörung erhob.

Drei Jahre nach dem Verfahren gab es im Stadtparlament einen Antrag unter dem Titel »Meine Blase gehört mir«, in dem darauf gedrungen wurde, auch Frauen genügend Toiletten im öffentlichen Raum zur Verfügung zu stellen. 2024 war es dann endlich so weit. Für den Neubau wurden vier Millionen Euro bereitgestellt. Und Urinieren in der Öffentlichkeit ist weiterhin verboten.

Adresse Kleine-Gartmanplantsoen 10, 1017 RR Amsterdam (Centrum) | **ÖPNV** Tram 1, 7, 19, Haltestelle Leidseplein | **Google-Maps-Code** 9V7M+66 Amsterdam, Niederlande | **Netz** debalie.nl | **Tipp** Da es zum Zeitpunkt der Drucklegung immer noch keine öffentlichen Toiletten für Frauen dem Publikum übergeben wurden: Die App HogeNood sagt, wo sich die nächste öffentliche Toilette befindet und was sie sanitär zu bieten hat.

13_Die Beurspassage

Shoppen bei der Ursuppe

Die Beurspassage ist ein schmaler Durchgang mit Tonnengewölbe. Er ist etwa fünfzig Meter lang und führt von der Börse am Dam zur Einkaufsmeile am Nieuwendijk. Als vor ein paar Jahren die Idee aufkam, diesen Gang künstlerisch zu verschönern, war schnell klar: Hier dürfen nur ganz große Künstler ans Werk. Nach einigem Hin und Her entschied man sich für jene Kunstschaffenden, die auch die Sixtinische Kapelle zu verantworten hatten.

Nun gut, nicht unbedingt die Sixtinische Kapelle in Rom, aber immerhin die Markthal in Rotterdam. Die künstlerisch so aufwendig gestaltet wurde, dass sie bald mit dem Spitznamen Sixtinische Kapelle des Shopping Centers versehen wurde. Und das war als Kompliment gemeint.

Die Markthal ist ein Gebäudekomplex mit einem riesigen Gewölbe, unter dem sich Raum für unzählige Läden findet. Daneben und darüber gibt es noch Platz für Hunderte Apartmentwohnungen, Raum für Parkplätze und Gastronomie sowieso. Das Gewölbe der Markthal hat eine Fläche, die so groß ist wie zwei Fußballfelder, da brauchte es schon so einiges an Kunstverstand, um die Fläche zu füllen. Arno Coenen und Iris Roskam gelang zur Zufriedenheit aller Beteiligten. Sie nannten ihr Werk Füllhorn, was ja bei einem Einkaufszentrum recht passend ist.

Als es an die Beurspassage ging, machten sich Coenen und Roskam in Amsterdam erstmal viele Freunde, in dem sie erklärten, dass der vergleichsweise popelige Durchgang eine mindestens ebenso große Herausforderung wie die Markthal ist. Dann bereiteten sie ihr Kunstwerk genauso gründlich vor wie in Rotterdam. Nachdem alles fertig war, wurden die Mosaiken in den Ateliers wieder auseinandergenommen, nummeriert und vor Ort wieder zusammengesetzt. Das Amsterdamer Kunstwerk trägt den Namen Ursuppe und soll mit seinen durch die Grachten inspirierten Motiven daran erinnern, woher die Lebenskraft der Stadt kommt.

Adresse Beurspassage 8, 1012 LW Amsterdam (Centrum) | ÖPNV Tram 4, 14, Haltestelle Dam | Google-Maps-Code 9VFV+VV Amsterdam, Niederlande | Tipp Der Poort van Constant (Herman Bonpad, 1067 MV Amsterdam), ein architektonisch ungewöhnliches Eingangstor zum Sportpark Ookmeer.

14 De Bezige Bij

Die Schrift an der Wand

Der Verlag De Bezige Bij gehört zu den angesehensten in unserem Nachbarland. Wörtlich übersetzt bedeutet der Name »Das fleißige Bienchen«, aber die Bezeichnung täuscht. Der Verlag gibt keine Kinderliteratur heraus. Er hatte seine Ursprünge während der deutschen Besatzungszeit und publizierte Untergrundliteratur. Nach dem Zweiten Weltkrieg versammelten sich hier renommierte Autoren, aber auch Skandalnudeln wie Jan Cremer, der mit seinen autobiografischen Romanen im letzten Jahrhundert für Furore sorgte.

2017 wurde am Verlagsgebäude neben dem Bienchen eine Inschrift veröffentlicht. Sie besteht aus einigen Zeilen eines Gedichts von Remco Campert, welches seinerseits eine lyrische Reaktion auf ein Poem ist, das Remcos Vater 1941 geschrieben hatte. Die Zeilen sind nicht besonders lang, wir könnten uns jetzt hier also an einer Wiedergabe und möglicherweise sogar an einer Rohübersetzung versuchen, aber es besteht der begründete Verdacht, dass das fleißige Bienchen es mit den Regeln von Fair Use und dem Urheberrecht recht genau nimmt, auf jeden Fall aber alle Posten auf den Cent genau prüft.

Denn vor einigen Jahren flatterte dem Verlag Post von der Stadtverwaltung ins Haus. Einem aufmerksamen Beamten war die Inschrift aufgefallen. Er folgerte haarscharf, dass es sich bei den Zeilen um Werbung handelte. Zwar für ein künstlerisches Produkt, aber auch da gibt es ja verkaufsfördernde Maßnahmen. Weshalb der Brief auch eine Rechnung enthielt, 166,67 Euro sollte der Verlag an die Stadt berappen.

Keinesfalls handele es sich bei der Inschrift um Werbung, schäumten die Literaten, schließlich würde niemand einen Campert-Gedichtband kaufen, nur weil er die Schrift an der Wand sieht. Das klingt jetzt nicht wirklich charmant, war aber vermutlich nett gemeint. Auf jeden Fall führte der Aufschrei in den Medien und nicht zuletzt in den sozialen Netzwerken dazu, dass die Stadt ihre Rechnung zurückzog. Am Ende waren alle zufrieden, nicht zuletzt der Verlag, der über diese Form der kostenlosen Werbung vermutlich nicht unglücklich war.

Adresse Van Miereveldstraat 1, 1071 DW Amsterdam (Zuid) | **ÖPNV** Tram 3, Haltestelle Concertgebouw | **Google-Maps-Code** 9V4M+J7 Amsterdam, Niederlande | **Tipp** Bücherfreunde finden jeden Freitag auf dem Büchermarkt am Spui (1012 WX Amsterdam) Raritäten aus allen Epochen.

15 Der Bijenkorf

Big Business und bienenfleißig

Was Shoppen betrifft, dominieren drei Straßen das Zentrum von Amsterdam. Nieuwendijk bietet viel Nepp, der auf leicht zu beeindruckende Touristenscharen abzieht. Die Fußgängerzone in der Kalverstraat ist Heimat der üblichen Marken und Malls, und PC Hooftstraat richtet sich an das gehobene Publikum. Aber das klassische Kaufhaus gibt es natürlich auch noch.

Der Bijenkorf (Bienenkorb) ist das Flaggschiff einer Kette, die Niederlassungen im ganzen Land betreibt. Die Bijenkorf-Kette wechselt alle paar Jahre den Besitzer, derzeit wird, nach ein paar Jahren in der Selfridge-Gruppe, unter anderen die Signa-Gruppe, die hierzulande in eher ungute Schlagzeilen geriet, als Eigentümer genannt.

Der Bijenkorf gilt immer noch, was das Angebot betrifft, als führend und Maßstäbe setzend, was Kosmetika, Parfüme und Accessoires betrifft. Außerdem ist er Mitglied eines internationalen Clubs von Warenhäusern, zu denen auch Harrod's in London und Le Printemps in Paris gehören. Von Anfang an bemühte man sich auch darum, geistige Bedürfnisse zu befriedigen. Die »Boekenweek«, eine Marketingkampagne des niederländischen Verlagswesens, bei der Kunden zu ihren Einkäufen noch ein extra ausgewähltes Buch als Geschenk erhalten, nahm hier ihren Anfang.

Der erste Bijenkorf wurde 1870 eröffnet, ursprünglich begann man als Möbelladen, aber das Angebot wurde bald erweitert, ebenso das Flaggschiff am Dam. Auch wenn man sich immer als ein Luxus-Kaufhaus sah, wenn die Zeiten härter wurden, konnten die Bijenkorf-Betreiber auch flexibel sein. In den wirtschaftlich herausfordernden Jahren nach 1980 kam man durch das Pariser Lafayette auf die Idee, an drei Tagen das Publikum mit Sonderangeboten zu ködern. Der Erfolg war so groß, dass vor den Eingängen und an den benachbarten Parkhäusern zu Tumulten kam. Die »Drie dwaze dagen« wurden jedoch erst 2016 wieder abgeschafft. Von nun wollte man wieder vor allem für Luxus stehen.

Adresse Dam 1, 1012 JS Amsterdam (Centrum) | ÖPNV Tram 4, 14, Haltestelle Dam | Google-Maps-Code 9VFV+CR Amsterdam, Niederlande | Netz debijenkorf.nl | Tipp Der Ort, wo die ganz Coolen ihre Klamotten kaufen: FOUR (Van Baerlestraat 9–11, 1071 Amsterdam).

16 De blaffende vis

Karneval im Stehen

Man kennt das von Festwagen beim Karneval. Mit den meist liebevoll und erstaunlich aufwendig gestalteten Persiflagen werden Politiker und Ereignisse des vergangenen Jahres durch den Kakao gezogen. Nicht zu derb, aber zu harmlos soll es auch nicht sein. Wenn man so will, könnte man sagen, *De blaffende vis* (wörtlich übersetzt: Der bellende Fisch), ist – zumindest am Königstag – so etwas wie ein Karnevalswagen im Stehen. An diesem Nationalfeiertag wird der Geburtstag von Majestät gefeiert. Er lag bisher immer im Frühling, immer im Umfeld der Maifeierlichkeiten und das wird vermutlich auch so bleiben, wenn irgendwann Amalia (die im Dezember zur Welt kam) den Thron besteigt, denn Beatrix war eigentlich auch im Januar geboren.

Als der erste Besitzer Mitte der 1990er den Laden übernahm, hielt Königin Beatrix noch das Zepter in der Hand, an ihrer Seite Prinz Bernhard, über den es jede Menge Anekdoten gab. Zum ersten Feiertag hing der Hausherr einfach ein Banner mit dem Text der holländischen Nationalhymne raus. Der Service wurde gern angenommen, denn die Hymne hat 15 Strophen, die mit dem ersten Buchstaben ihrer Strophen den Namen *Willem van Nassov* formen. Das ist eine tolle Geste, aber auch viel Text. Möglicherweise hat so mancher Holländer schon mal gedacht: Unter Bob I. wären einige Dinge einfacher gewesen.

Doch bald kam man bei einem Neujahrsumtrunk auf die Idee, das Banner durch ein großformatiges Porträt eines Mitglieds der Königsfamilie zu ersetzen. Unter den neuen Chefs Jort Vos und Bob Brockhoff wurde die Sache immer professioneller aufgezogen. Prinz Bernhard in typischer Travolta-Pose erregte Aufsehen, aber auch Máxima als DJane kam gut an. Und immer finden sich jährlich über ein Dutzend Stammgäste, die Ideen wälzen und sich auch um deren praktische Umsetzung kümmern. Und man ist stolz drauf, immer wieder im Umfeld des Königstags Stadtgespräch zu sein.

Adresse Westerstraat 118, 1015 MN Amsterdam (Centrum) | **ÖPNV** Tram 5, Haltestelle Marnixplein | **Google-Maps-Code** 9VHM+C8 Amsterdam, Niederlande | **Netz** blaffendevis.nl | **Tipp** De Pilsner Club (Engelse Reet), Begijnensteeg 4, 1012 PN Amsterdam. Eine aus mehreren Gründen legendäre Kneipe. »Engelse« ist eine Adjektiv-Ableitung von Engel. Was »Reet« bedeutet, googeln Sie am besten selbst.

17 De Blauwe Engel

Von Kopf bis Fuß auf …

Das World Trade Center von Amsterdam wurde 1985 erbaut. Lange Zeit galt es als das zweitgrößte Handelszentrum dieser Art der Welt. Das änderte sich am 11. September 2001. Nun übernahm das WTC Amsterdam – alles andere als freiwillig – die Führungsrolle. Vermutlich war man gar nicht so traurig darüber, dass man, als das neue Zentrum in New York eröffnet wurde, wieder in die zweite Reihe zurücktreten konnte.

Das WTC gehört im weitesten Sinne zur Zuidas, der Südachse, die eigentlich in Zukunft als futuristische Downtown den Kern der Stadt Amsterdam bilden soll. Es gibt hier jede Menge moderne und auch einige avangardistisch anmutende Gebäude, die alles eines gemeinsam haben: Sie sehen definitiv nicht so aus, wie sich der typische Amsterdam-Besucher die Stadt vorstellt. Trotzdem kann es nicht schaden, auch hier mal einen Blick in die Runde zu werfen, denn typisch für Amsterdam ist die Gegend schon. Allerdings eher für das wirtschaftliche Powerhaus, das den meisten Besuchern des Grachtengürtels verborgen bleibt.

Die meisten Bauten wurden geplant, als die Zinsen niedrig waren. Die Hoffnung dahinter war, dass global agierende Firmen hier ihr europäisches Hauptquartier aufschlagen sollten. Das hat teilweise funktioniert, aber nicht in dem Maße, wie man es sich erhofft hatte. Dann kam Corona nebst Homeoffice und so wurden diverse Kalkulationen über den Haufen geworfen. Ein anderes Problem der Südachse ist, dass sich ihr normales Alltagsflair schwerlich einstellen will. Für gewöhnliche Gemüsekrämer sind die Mieten viel zu hoch und für viele einfache Leute auch.

Einer der wenigen Läden, in denen man sich auch abends amüsieren kann, ist der Blauwe Engel, direkt im WTC. Er steht unter anderem in Ruf, Jagdrevier für Frauen zu sein, die auf eine gute Partie erpicht sind, am besten einen jener Erfolgstypen, die Milliarden und die Schicksale von Millionen bewegen.

Adresse Strawinskylaan 143, 1077 XX Amsterdam (Zuid) | **ÖPNV** Station Zuid | **Google-Maps-Code** 8VRF+69 Amsterdam, Niederlande | **Netz** deblauweengel.nl | **Tipp** Auch ziemlich weit oben: Die Twenty Third Bar (Ferdinand Bolstraat 333, 1072 LH Amsterdam) befindet sich im 23. Stock des Hotel Okura und bietet einen faszinierenden nächtlichen Blick über die Stadt.

18 Das Blauwe Theehuis

Blaumachen mit Stil

Man kann über Craftbiere und alles, was damit zusammenhängt durchaus geteilter Meinung sein. In Deutschland, das ja trotz aller Erschütterungen und Widrigkeiten durchaus noch von einer funktionierenden Bierkultur geprägt ist. Aber jenseits der Grenzen, wo die übermächtigen Platzhirsche alles plattmachen, was sich ihnen in den Weg stellt, sind solche Bemühungen unbedingt gutzuheißen. Gerade in Holland, wo es den 800-Pfund-Gorilla Heineken gibt, dann vielleicht noch Grolsch und danach sehr lange nichts.

Die Brauerei 't IJ war die erste in Holland, die sich ausschließlich auf die Produktion von Craftbieren, die hier auch Spezialbiere genannt werden, kapriziert hat. Begründet wurde das Unternehmen durch Kasper Peterson, der zuvor in einer Band namens Door Mekaar sang. Die waren jenseits der niederländischen Grenzen nicht wirklich bekannt. Was man von ihnen an Tonaufnahmen findet, klingt wie eine Mischung aus Skiffle und frühen Stray Cats; aber eine Band, die ihr Tonstudio »Jokes Kühe-Verleih« nannte, kann nicht völlig verkehrt gewesen sein. Dennoch sagte Kasper der Musik adé und widmete sich das nächste Vierteljahrhundert dem Brauereiwesen.

Seit 1985 befindet sich der Betrieb an der Funenkade in einem ehemaligen Badehaus. Es gibt in der Brauerei zwar auch, was es in fast allen Brauereien mittlerweile gibt, Führungen und Probierlokale, aber das Stammhaus und eine vor einigen Jahren eröffnete Filiale liegen doch ziemlich weit vom Schuss.

Weshalb 2019 im Vondelpark das Blauwe Theehuis als Probierlokal eröffnet wurde. Das Gebäude wurde in den 1930er Jahren errichtet. Wie der Name vermuten lässt, sollte es zuerst als Teehaus dienen, im Lauf der Jahre wurden aber auch immer wieder Konzerte, Lesungen und Theateraufführungen veranstaltet. Einige Besucher fühlen sich beim Anblick des weißen Gebäudes mit den blauen Streifen an eine fliegende Untertasse erinnert.

Adresse Vondelpark 5, 1071 AA Amsterdam (Zuid) | ÖPNV Tram 3, Haltestelle Van Baerlestraat | Google-Maps-Code 9V5F+G2 Amsterdam, Niederlande | Netz brouwerijhetij.nl | Tipp Gebrouwen door vrouwen (Nieuwe Hemweg 4, 1013 BG Amsterdam) ist eine Brauerei und Probierstube fest in Frauenhand.

19 Die Boerejongens

Der Stoff, aus dem Träume sind

Vor einiger Zeit wurde bei einem ziemlich bekannten amerikanischen Hip-Hop-Star beim Verlassen der Niederlande eine nicht unerhebliche Menge weicher Drogen konfisziert. Nach der anfänglichen Verwunderung »Ich dachte, Cannabis ist in den Niederlanden legal« setzte das übliche Gezeter ein, und es dauerte nicht lange, bis der Star zu der Erkenntnis kam, dass die Kontrolle nicht anderes als mehr oder weniger verschleierter Rassismus war. Die Wahrheit – und die Wirklichkeit – ist – wie meistens –komplizierter.

Mit seinen Koffieshops gilt Amsterdam immer noch weltweit als Kifferparadies, auch wenn die Stadtverwaltung immer wieder darüber nachdenkt, den auswärtigen Hanffreunden ihren Spaß zu verleiden. Weltweit führend ist die Stadt jedoch längst nicht mehr. Dort, wo in den Vereinigten Staaten Cannabis legalisiert wurde, lacht man über die kleinlichen Krämerseelen aus dem Flachland. Während in den USA Anbau, Vertrieb und Verkauf in einer Hand liegen, wurden die Bereiche in Holland – aus Angst vor Kartellen – getrennt. Pro Kunde dürfen nicht mehr als 5 Gramm abgegeben werden, der Gesamtvorrat pro Geschäft soll 500 Gramm nicht überschreiten. Ohne jetzt zu sehr ins Detail zu gehen, wenn ein Laden gut läuft und der Besitzer sich nach Nachschub umschaut, wächst die Gefahr, dass er zumindest mit den Buchstaben des Gesetzes in Konflikt gerät.

Das ist einer der Gründe, weshalb Koffieshop-Betreiber nicht so wahnsinnig interessiert an Publicity sind. Hinzu kommt, dass sie mit ihrer Branche zwar zweifellos zum Vermögen der Stadt beitragen, jedoch als Branche immer noch etwas zwielichtig gelten und gerne gegängelt werden.

Derzeit soll es in Amsterdam um die 160 Koffieshops geben, wie viele davon tatsächlich Einzelgeschäfte sind, weiß keiner. Bei der Obrigkeit sind Ketten nicht wirklich beliebt, weshalb sie gerne camoufliert werden. Die Boerejongens hingegen sind definitiv eine Kette. Und sie gehören zu den Erfolgreichsten der Branche.

Adresse Utrechtsestraat 21, 1017 VH Amsterdam (Centrum) | ÖPNV Tram 4, Haltestelle Keizersgracht | Google-Maps-Code 9V7X+W6 Amsterdam, Niederlande | Netz boerejongens.com | Tipp Thematisch verwandt: Kürzlich hat Mike Tyson einen eigenen Koffieshop eröffnet, in dem es natürlich auch eine Menge Mike-Merch gibt: im Tyson 2.0, Spuistraat 222, 1012 VT Amsterdam. Und wem das nicht reicht: Der neuerdings auch olympische Star Snoop Dogg hat seinen Koffieshop S. W. E. D. in der Marnixstraat 333 (1016 TC Amsterdam) eröffnet.

20 Bomb

Der tiktokende Knalleffekt

Das Einzige, was hier Verwirrung stiften könnte, ist der Name. Klar, als Name für eine Modemarke kann »Bombe« schon funktionieren, wenn die Klamotten richtig »einschlagen«, für ein explosives Anwachsen von Aufmerksamkeit et cetera sorgen. Aber es stellen sich auch andere Assoziationen ein, die wir hier nicht näher ausführen wollen. Und dass »Bomb the Brand« ein florierendes Unternehmen ist, spricht auf jeden Fall für das Produkt, Name hin oder her.

Noëlle As und Lea Pau sind zwei Frauen in den Zwanzigern, die vor einiger Zeit damit begonnen haben, aus alten Teilen neue Klamotten und Taschen zu schneidern. Und weil mit den passenden Marketing-Begriffen alles besser geht, wird hier nicht nur von »Vintage« gesprochen, sondern auch von »Upcycling«.

Am Anfang lief alles online, produziert im nicht gerade als Szenebezirk bekannten Sloterdijk. Soziale Medien – hier ist vor allem TikTok zu nennen – halfen beim Bekanntwerden. Als die Marke viel schneller wuchs als erwartet, zog man in den angesagten Süden der Stadt. Bomb sitzt nun in einem ehemaligen Friseursalon. Vorn im Laden kann man einkaufen, hinten bei der Herstellung zusehen. Wer nicht nur kaufen und staunen, sondern auch selbst Hand anlegen will, der kann bei Bomb auch einen Nähkurs machen. So einer wird im hauseigenen Atelier durchgeführt. Nach sechs Abenden ist man natürlich noch nicht perfekt, weiß aber auf jeden Fall mehr als vorher. Und für alle, deren Wissensdurst damit noch nicht gestillt ist, gibt es auch ein Buch. Okay, vorerst nur auf Holländisch, aber vielleicht wird »Hoe maakt u het?« auch irgendwann ins Deutsche übersetzt: Wie haben Sie das gemacht? Und wer dann auch noch zu Hause weiterwerkeln will, der kann bei Bomb gleich diverse Kurzwaren erwerben, was – wie dem Autor, der der Kurzwaren-Szene eher fernsteht – versichert wurde, eine tolle Sache ist, wo es doch immer weniger Kurzwarenläden gibt.

Adresse Gaaspstraat 39, 1077 VC Amsterdam (Zuid) | ÖPNV Tram 4, 12, Haltestelle Victorieplein | Google-Maps-Code 8WV5+8C Amsterdam, Niederlande | Netz bombthebrand.com | Tipp Ein weiterer Ansatz, Mode und Nachhaltigkeit zu verbinden: Lena Fashion Library (Westerstraat 174, 1015 MP Amsterdam).

21_Das BonTon

Den Stars die Stange halten

Als der Amsterdamer Nightlife-Tycoon Casper Reinders (siehe Ort 54) sich aus dem Tagesgeschäft zurückzog, wollte er von der Branche nicht ganz lassen. Einen Club betreiben, mit all dem, was dazu gehört, danach stand ihm der Sinn nicht mehr, aber neue Lokalitäten zu entwerfen und erfolgreich auf dem Markt zu etablieren, danach schon eher. Schließlich nimmt Reinders für sich in Anspruch, diverse Konzepte, oft einige, die ihm bei seinen Reisen in die Vereinigten Staaten aufgefallen waren, als Erster nach Amsterdam gebracht und hier etabliert zu haben.

Zu diesem Zweck gründete mit seinem Kompagnon Thijs Murré eine Design-Firma. Im Laufe der Jahre entstanden einige Projekte.

So auch das BonTon an der Stadhouderskade. Um das Alltagsgeschäft kümmern sich die Graanboom-Schwestern, die mit den Gepflogenheiten der Branche seit Jahren unter verschiedenen Aspekten vertraut sind. Entwurf und Gestaltung stammen von Reinders & Partner. Das BonTon wird bei Trip Advisor und diversen Suchseiten als Stripclub geführt, was vermutlich dem Erfinder des Konzepts überhaupt nicht gefällt. Denn die Ambition der Macher war (ist), ein Etablissement zu schaffen, dass sich erstens im oberen Marksegment etabliert und zweitens frei von den branchenüblichen Anrüchigkeiten ist. Boutique Striptease Bar nennt sich das dann. Natürlich gibt es auch hier eine Stange, an der getanzt wird, und natürlich ist das der Ort, an dem die Action abgeht, aber im Kern geht es schon alles mehr in Richtung Burleske – Stichwort Dita von Teese –, wo die Technik des sich schrittweise Entblößens auch als eine Kunstform gesehen wird.

Wer's nicht glaubt und wen es nicht interessiert, der kann ja den Laden einfach links liegen lassen. Und wen es interessiert, der muss sich auch nicht genieren. Denn hier wird mehr Service geboten als anderswo. Denn hier gibt es neben den üblichen Shows auch Führungen, bei denen auch Frauen einen Blick hinter die Kulissen des Geschäfts werfen können.

Adresse Stadhouderskade 64–1, 1072 AD Amsterdam (Zuid) | **ÖPNV** Tram 24, Haltestelle Marie Heinekenplein | **Google-Maps-Code** 9V5Q+8P Amsterdam, Niederlande | **Netz** stripclub-bonton.com | **Tipp** Das Sex-Theater Casa Rosso (Oudezijds Achterburgwal, 1012 DS Amsterdam) ist weltbekannt, aber von Upperclass würden wohl die wenigsten Besucher reden.

22 Das Bougainville

Das Jahr an der Weltspitze

Das Hotel TwentySeven gehört zu den besseren Adressen Amsterdams. Allgemein als luxuriöses Boutique-Hotel gepriesen, residiert es in einem denkmalgeschützten Gemäuer und darf sich mit sechs (!) Sternen schmücken. Es gibt 16 Suiten in unterschiedlicher Ausführung. Eine ist 200 Quadratmeter groß, das heißt, man könnte hier vielleicht keine Fußballmannschaft unterbringen, aber doch ziemlich gut kicken. Betreiber Eric Toren, mehrfach zum Hotelier des Jahres gekürt, herrscht also über eine äußerst feine Adresse.

Das Hotel-Restaurant Bougainville wurde 2017 eröffnet. Schon ein Jahr später konnte es sich mit dem ersten Michelin-Stern schmücken. Und dann begann der Wahnsinn.

2022 wurde das Bougainville auf Trip Advisor zum besten Restaurant der Welt gekürt. Das ist natürlich gut für die Werbung. Dazu muss man wissen, dass so eine Spitzenplatzierung nicht einfach nur bekannt gegeben wird. Die Nummer eins zu sein ist wie ein offizieller Titel. Ein Jahr lang – im Falle vom Bougainville vom 1. Juni 2022 bis zum 31. Mai 2023 – darf man, wann immer es einem beliebt, verkünden, dass man offiziell zertifiziert über das beste Restaurant der Welt herrscht.

Natürlich knallten bei der Bekanntgabe des Titels die Sektkorken – okay, hier wird es vermutlich eher Champagner gewesen sein. Auch wenn das Internet ein virtueller Ort ist, die Empfehlungen und Wertungen haben Wirkungen in der Realität. Wenn ein Restaurant auf dem ersten Platz liegt, müsste es sich dann nicht mehr als graduell von den Zweitplatzierten unterscheiden? Und warum nur ein Michelin-Stern? Müsste das beste Restaurant der Welt nicht, sagen wir, mindestens 18 haben? Und ein halbes Dutzend Kochmützen von Gault Millau noch dazu?

Es ist den Leuten vom Bougainville hoch anzurechnen, dass sie sich von dem Hype nicht irre machen ließen. Sie machten einfach weiter wie bisher und versuchten weiterhin, ihren Gästen einen unvergesslichen Abend zu bereiten.

Adresse Dam 27, 1012 AS Amsterdam (Centrum) | ÖPNV Tram 4, 14, Haltestelle Dam | Google-Maps-Code 9VCV+X8 Amsterdam, Niederlande | Netz restaurantbougainville.com | Tipp Das Restaurant d'Vijff Vliegehn (Spuistraat 294, 1012 VX Amsterdam) spielt ebenfalls in der gehobenen Preisklasse.

23 Der Bronze-Finger

Warnung und Mahnung zugleich

De mortuis nil nisi bene – der Spruch passt hier schlecht. Denn Nel de Jager war unbestritten eine Nervensäge. Das war ihre Tugend und ihr Fluch zugleich.

Die Haarlemmerstraat ist eine Straße, die vom Zentrum Amsterdam in Richtung – Achtung, Überraschung – Haarlem führt. Am Anfang ist sie noch touristisch trubelig, voll mit Rollkofferbesitzern auf der Suche nach dem nächsten Airbnb, dann wird es normal trubelig und hinten an diesem komischen Tor geradezu gemütlich. Aber sozial intakt ist die Haarlemmerstraat von Anfang bis zum Ende. Das war nicht immer so.

Nach der Jahrtausendwende standen hier viele Läden leer. Die Vermieter hofften auf lukrative Angebote von großen Handelsketten. Hier trat Nel de Jager als selbst ernannte Quartiermanagerin auf den Plan. Sie überredete viele Vermieter, lieber schnell an den kleinen Krauter zu vermieten, als noch endlos auf den großen Fisch zu warten. Und überreden ist hier leicht verharmlosend gemeint. Wer nicht nachgab, bekam immer wieder Besuch von Nel und ihren nervenden Zeigefinger ins Gesicht gestreckt.

2012 hatten sich dann all ihre Mühen gelohnt. Die Haarlemmerstraat wurde zur schönsten Einkaufsmeile der Niederlande gekürt, und alle waren glücklich. Alle, außer Nel. Denn nun, wo der Laden am Laufen war, wurde sie immer weiter an den Rand gedrückt. Nun zeigte sich, dass sie für ihre Rolle als Quartiermeisterin nirgendwo ein offizielles Mandat erhalten hatte. Die Leute verbaten sich nun mehr und mehr, dass sich Nel in ihre Angelegenheiten mischte.

Doch nachdem Nel de Jager 2019 verstarb, regte sich das schlechte Gewissen. Geld wurde gesammelt und an der Brücke zwischen Haarlemmerstraat und -dijk ein Denkmal gestiftet. Es ist unscheinbar und klein. Am Rand der Straße streckt sich eine Nachbildung von Nels Zeigefinger in die Luft. 2021 wurde der Finger geklaut, 2023 konnte er dank Crowdfunding ersetzt werden.

Adresse Korte Prinsengracht 2011, 1013 GN Amsterdam (Centrum) | ÖPNV Centraal Station | Google-Maps-Code VJQ+HH8 Amsterdam, Niederlande | Tipp De Schreeuw (Oosterpaark 64 HS, 1092 RS Amsterdam). Das Kunstwerk erinnert an die Ermordung Theo Van Goghs 2004.

24 Das Café Brecht

Verfremdungseffekte für Großstadtpoeten

Der Besitzer Joris Houtman hatte einige Zeit in Berlin verbracht, und als er wieder zurück in seiner Heimatstadt war, vermisste er Kneipen, die er in den Berliner Szenevierteln schätzen gelernt hatte: ein bisschen wie ein Wohnzimmer im Gelsenkirchener Barock eingerichtet; mit alten Stehlampen, Opa-Sesseln und -Sofas. Ein Stil, den er »cheap chic« taufte. Also richtete er selbst ein Etablissement in dieser Manier ein. Beim Publikum – vorwiegend, aber nicht nur Studenten – kommt das Konzept gut an. Der Laden ist meistens voll, und abends wird es richtig trubelig. An den Wänden finden sich Porträts von Marlene Dietrich und anderen deutschen Künstlern aus der Zeit der Weimarer Republik.

Die Veranstalter sehen das Brecht als Hort europäischer Kultur und sind in diesem Punkt ziemlich konsequent. Neben Liedern von Kurt Weill und Lotte Lenya erschallen französische oder belgische Chansons und italienische Weisen. Auch die Getränkekarte ist streng kontinental – Tequila sucht man beispielsweise vergebens. Durch seine Eltern war Joris früh mit deutschen Autoren vertraut gemacht worden (im Auto hörten sie auf langen Reisen Hörbücher von Erich Kästner und Heinrich Böll), und das zu einer Zeit, als vielen seiner Landsleute beim Stichwort Deutschland vor allem Weltkrieg und Fußball einfielen. Daher gibt es auch heute im Café Brecht ein anspruchsvolles und witziges Programm; nicht selten mit deutscher Literatur, aber man kann auch einfach nur Fußball gucken und hemmungsvoll deutsche Teams anfeuern. Ebenfalls erwähnenswert ist das ständig und kenntnisreich erweiterte Angebot von deutschen Bieren, das in der Regel von Personal kredenzt wird, die der deutschen Sprache mehr als mächtig sind und durch Sachkenntnis überzeugen.

Neuestes Feature ist der Offline-Club, der an jedem zweiten Sonntag um die Mittagszeit stattfindet. Interessenten geben beim Eintritt freiwillig ihr mobiles Equipment ab und können sich dann für ein paar Stunden so fühlen, als schrieben wir wieder das Jahr 1992.

Adresse Weteringschans 157, 1017 SE Amsterdam (Centrum) | ÖPNV 1, 7, 19, 24, Haltestelle Vijzelgracht | Google-Maps-Code 9V5R+W2 Amsterdam, Niederlande | Netz cafebrecht.nl | Tipp Der Silent Book Club im Goethe-Institut (Herengracht 470, 1017 CA Amsterdam) ist ebenfalls eine Oase für Leute, die sich aus der digitalen Welt ausklinken wollen.

25 Die Canal Sky Bridge

Über sieben Grachten sollst du gehn

StreetArt Frankey, der mit bürgerlichem Namen Frank De Ruwe heißt, ist in Amsterdam wohl bekannt. Er hat eine Foto-Kolumne in einer lokalen Tageszeitung, und wenn er mal wieder in Guerilla-Manier ein Straßenschild oder eine Brücke mit einem seiner Kunstwerke verziert hat, dann sorgt das für Gespräche in der Stadt. So zum Beispiel, wenn in der Balboastraat auf einem Straßenschild eine Figur auftaucht, deren Ähnlichkeit zu der von Sylvester Stallone verkörperten Filmfigur Rocky Balboa unübersehbar ist. Man könnte auch sagen, Frankey ist so etwas wie die örtliche Antwort auf Banksy, aber das trifft es nicht ganz, vor allem, weil Frankeys Werke viel lustiger sind und der Schöpfer sich selbst nicht so ernst nimmt. Frankeys Vater arbeitete bei Philips als Entwickler, wo er unter anderem für die CD und das Aufzeichnungssystem Video 2000 zuständig war. Okay, das ist ein wenig übertrieben, aber dass Frankeys Vater Erfinder war, stimmt, und dass Sohnemann die kreative Ader geerbt hat, stimmt auch. Frankey entwickelte schon früh jede Menge Krimskrams und weil er sich die teuren Standgebühren nicht leisten konnte, fuhr er mit einem Eiswagen zur Designer-Messe nach Mailand und stellte dort seine Kreationen aus. Später gründete er eine ziemlich erfolgreiche Werbeagentur, wo er aber bald wieder ausstieg, weil ihm seine Kunstaktionen mehr am Herzen liegen. Es kommt vor, dass er bei seinen Unternehmungen von der Polizei gefragt wird, ob er denn eine Genehmigung hat. Worauf der Künstler ein offizielles Formular präsentiert, das sehr überzeugend aussieht, denn schließlich hat er es selbst entworfen.

Die Laufbrücke am Rokin ist sein bisher ambitioniertestes Projekt. Angepriesen wird das Bauwerk als die höchste Grachtenbrücke Amsterdams. Tatsächlich handelt es sich um einen Gang zwischen zwei Gebäuden, der äußerlich einer Grachtenbrücke nachempfunden ist. Aber immerhin kann man Leuten durch die Scheiben dabei zusehen, wie sie in der Mittagspause von einer Abteilung in die andere wechseln. Das kann ja auch eine künstlerische Erfahrung sein.

Adresse Rokin 21, 1054 ZW Amsterdam | ÖPNV Tram 4, Haltestelle Rokin | Google-Maps-Code 9VCV+M8 Amsterdam, Niederlande | Tipp Auf dem Mittelstreifen der Churchill-laan Höhe Haringvlietstraat, 1078 GB Amsterdam, ist ein weiteres Kunstwerk von Frankey zu sehen. Hier kämpft ein King Kong mit einem Jet.

26 Das Carrousel

Hier dreht sich alles nur um eines

Eigentlich müsste man die Lokalität gar nicht empfehlen. Das Carrousel liegt so zentral, dass fast jeder herumschweifende Amsterdam-Besucher früher oder von selbst drauf stößt. Mitten in einem Rondell, an dem sich zwei Hauptverkehrsadern kreuzen, fällt das Carrousel sofort ins Auge, wofür auch die hölzernen Karussellpferde sorgen.

Im Haus gibt es Teigwaren, die in vielen Gegenden des Planeten einen ähnlichen Namen haben. Pfannkuchen im Deutschen, Pancakes bei den Engländern und Pannekoekjes am Standort. Nur in Berlin – so viel grenzüberschreitender Service sei dann doch drin – heißen sie Eierkuchen, denn dort wird das, was im Rest der Republik Berliner heißt – Pfannkuchen genannt.

Im Netz hat das Carrousel über 5.000 Rezensionen, offenbar gibt es Leute, die meinen, jemand würde sich durch den ganzen Wust der Bewertungen arbeiten, um dann zu entscheiden, ob er lieber Puderzucker oder Ahornsirup als Belag nimmt. Was zeigt, dass es einen Punkt gibt, an dem die Grenzen zwischen künstlicher Intelligenz und natürlicher Dummheit zerfließen.

Im Frühjahr 1945 wurden hier 30 Geiseln erschossen, woran einen Mauerinschrift neben dem Restaurant erinnert. Nach Kriegsende war das Carrousel erst ein Imbiss, dann ein Halbstarkentreff. Das Restaurant in der jetzigen Form gibt es seit etwa 50 Jahren.

Bemerkenswert am Carrousel ist, dass es von vielen Touristen frequentiert wird, aber auch die Einheimischen sich nicht verdrängen lassen. Es gibt zahlreiche Stammgäste, auch aus dem Ausland, die bei jedem Amsterdam-Besuch hier Station machen. Da auf einen Pfannkuchen theoretisch von Mörtel bis Marmelade alles aufgetragen werden kann, hat das Haus keine Probleme, sich dem Publikumsgeschmack anzupassen. Und so können sich Touristen rühmen, dass sie Nutella als Pfannkuchenaufstrich eingeführt haben.

Adresse H.M. van Randwijkplantsoen 1, 1017 ZW Amsterdam (Zuid) | ÖPNV Tram 1, 7, 19, 24, Haltestelle Vijzelgracht | Google-Maps-Code 9V5R+HM Amsterdam, Niederlande | Netz decarrouselpannenkoeken.nl | Tipp Das Boot Poffertjes To Go (Amsteldijk 810, 1079 LM Amsterdam) bietet Pfannkuchen auch am und auf dem Wasser.

27 Der Chin Chin Club

Cool Cats und Glückskatzen

Keine Ahnung, ob das jetzt Zufall ist. Casper Reinders, über den im Abschnitt zum Jimmy Woo (siehe Ort 54) ein paar mehr Informationen stehen, ließ mehr als einmal die Welt wissen, dass er eine Schwäche für chinesisches Design hat. Und Danny Lee, dessen Eltern aus China in die Niederlande kamen, der in Insider-Kreisen als der Mann gilt, der ein Näschen für kommende Trends und angesagte Locations hat.

Danny Lee beschreibt sich selbst als Feinschmecker, Getränkeliebhaber, Design-Freak, musikalischer Snob, Geschichtenerzähler und Brain-Picker, was man mit »immer offen für Inspirationen oder schamlose Ideenklauerei« übersetzen kann. Auf jeden Fall nicht die schlechteste Voraussetzung, wenn man den Gästen immer wieder was Neues bieten will. Zudem konnte Herr Lee auch noch anderthalb Jahrzehnte in der Branche Erfahrungen sammeln. Was übrigens fast alle Macher in der Stadt für sich reklamieren. Möglicherweise sind 15 Jahre die magische Zahl, nach der man reif für eigene Projekte ist. Konzeptionell ist das Chin Chin ein Mix aus Club, Cocktail- und Karaoke-Bar, immer darauf ausgerichtet, sich den Bedürfnissen und der Stimmung des jeweiligen Publikums anzupassen.

Der chinesische Einfluss zeigt sich in der Ausstattung und Inneneinrichtung und vor allem am Eingang, wo die Besucher durch eine Manekineko-Katze begrüßt werden. Genau, das sind die meist golden schimmernden Winke-Winke-Katzen, die in mehreren asiatischen Kulturen in dem Ruf stehen, sowohl Gastgeber als auch den Gästen Glück zu bringen.

Der Name des Clubs – Chin Chin – soll übrigens keine Anspielung für Wermut-Trinker sein. Chin Chin – oder wie wir China-Kenner sagen: 千千級« –, was so viel heißen soll wie »tausend, oder abertausend Lagen oder Schichten«. Was mit den Lagen oder Schichten gemeint ist, konnte aber niemand erklären. Vielleicht ist das auch einfach nur eine spezielle Form von chinesischem Humor.

Adresse Rozengracht 133, 1016 LV Amsterdam (Centrum) | ÖPNV Tram 5, 17, 19, Haltestelle Rozengracht | Google-Maps-Code 9VFH+4H Amsterdam, Niederlande | Netz chinchinclub.nl | Tipp Das Café Wu (Dapperstraat 1, 1093 BK Amsterdam) gilt derzeit als eines der interessantesten Restaurants der Stadt. Ein europäischer Koch brutzelt chinesische Gerichte, ein chinesischer Sommelier kredenzt europäische Weine.

28 Das Cinétol

Zwischen Kintopp und Tempel

Das Haus an der Tolstraat begann seine Karriere als theosophischer Tempel. Ende des 19. Jahrhunderts fanden die theosophischen Lehren der aus Russland stammenden Madame Blavatsky in den Vereinigen Staaten einigen Anklang. Bald schwappte der Trend auch nach Westeuropa über. Und in Holland beschlossen Willem B. Fricke und Petronella Catharina Meuleman-Van Ginkel (trotz des langen Namens, das ist nur eine Person), die neue Lehre bis in die kleinste Verästelung zu studieren. Da sie nicht nur einander zugetan waren, sondern auch sehr, sehr vermögend, konnten sie für ihre Studien an der Tolstraat einen imposanten Tempel bauen. In den ersten Jahren liefen die Reisen zum Mittelpunkt der Seele gut, aber dann tauchte in den 1920er Jahren mit Krishnamurti ein indischer Guru auf, der sich als die Wiedergeburt von Jesus Christus imaginierte, und damit war die hohe Zeit des Tempels vorbei. Nach ein paar Jahren als Synagoge wurde das Gebäude während der deutschen Besatzung zu einem Kino umgewidmet. Aus dieser Zeit stammt auch der heutige Name. Das Kunstwort Cinétol wurde aus den Worten Cinéma und Tolstraat gebildet. Als Filmtheater fungierte das Gebäude auch nach dem Krieg, aber natürlich änderte sich das Programm nun radikal. Waren zuvor übliche Propagandaschinken zu sehen, gab es nun vor allem Streifen aus Hollywood.

Das Kino hielt bis 1979 durch, dann wurde es geschlossen. Nach einer kurzen weiteren religiösen Phase, in diesen Jahren diente das Gebäude als Moschee für eine türkische Gemeinde, kam das Cinétol schließlich zu seiner heutigen Bestimmung als *broedplaats*. Was wörtlich übersetzt nichts anders als Brutstätte bedeutet und in den Niederlanden gern als Bezeichnung für Orte benutzt wird, an denen Leute ihre kreativen Talente erkunden. Bands können hier proben, auch Adepten anderer Kunstrichtungen haben hier die Möglichkeit, ihre ersten Schritte zu wagen. Und das Publikum kann dann in der Hoffnung kommen, vielleicht ein paar aufstrebende Talente zu entdecken. Einfach nur chillen geht aber auch.

Adresse Tolstraat 182, 1074 VM Amsterdam (Zuid) | ÖPNV Tram 4, Haltestelle Lutmastraat | Google-Maps-Code 9W34+4M Amsterdam, Niederlande | Netz cinetol.nl | Tipp Ebenfalls aus der Kategorie *broedplaats*. die VerbroederIJ, etwas ländlicher, etwas weiter draußen (Johan van Hasseltweg 21, 1021 KN Amsterdam).

29 Die Condomerie

Geschichten und Gestalten rund um den Gummi

Bei wenigen historischen Ereignissen weiß man genau, wann – und wo – sie in die Welt kamen. Bei der Eröffnung der Condomerie – dem weltweit ersten Spezialladen für Präservative – ist das anders. Am 10. April 1987 fand in einem Amsterdamer Restaurant eine lebhafte Diskussion über jene neue Seuche statt, die seit einigen Jahren unter dem Namen Aids bekannt war. Man wusste noch nicht viel über diese unheilvolle Krankheit. Neben wenigen Tatsachen gab es viele wilde Gerüchte. Fest stand nur, dass Aids über Körperflüssigkeiten wie Blut oder Sperma übertragen werden konnte (nicht jedoch durch Speichel beim Küssen) und dass Kondome bis auf Weiteres den besten Schutz darstellten. Allerdings galten Kondome nach den vorangegangenen permissiven Dekaden alles andere als cool; von kulturellen oder religiösen Vorbehalten ganz zu schweigen. Wenn Kondome verkauft wurden, dann geschah das bis dato verschämt an verschwiegenen Plätzen; von Information, Aufklärung – oder gar Spaß – beim Umgang mit den Gummis konnte keine Rede sein. Theodoor van Booven (ja, das ist ein Pseudonym) beschloss das zu ändern.

Heute sind die Schaufenster der Condomerie fast so dicht umlagert wie jene im nahe gelegenen Rotlichtviertel. Schon am 1. Mai 1987 (für die Partys am Koninginnedag tags zuvor zu spät, aber egal) eröffnete die Condomerie – damals noch mit dem Beinamen »Das goldene Vlies« – ihre Pforten. Allein dieses Ereignis hatte schon Nachrichtenwert, dass der Laden darüber hinaus noch von zwei Frauen betrieben wurde, steigerte das Interesse beträchtlich. Aufseiten der Macher war man zufrieden mit dem Medienecho. Das Tabu um das Verhütungsmittel aus Gummi schien gebrochen. Von Anfang an war den Betreiberinnen wichtig, dass die Atmosphäre in ihrem Geschäft auf alle Kunden, egal, ob Mann oder Frau, gleichermaßen freundlich und einladend wirkt. Das Sortiment ist riesig, beinahe ebenso groß das Know-how, mit dem hier Kunden und allen sie quälenden Fragen begegnet wird.

Adresse Warmoesstraat 141, 1012 JB Amsterdam (Centrum) | ÖPNV Tram 4, 14, Haltestelle Dam | Google-Maps-Code 9VFW+F8 Amsterdam, Niederlande | Netz condomerie.com | Tipp Ausgefallene Hüllen für den Rest des Körpers gibt es in dem Dessous-Geschäft Webers Holland, Kloveniersburgwal 26.

30 The Diamond

Die wenig glitzernde Ecke

Das Heineken Hoek (*hoek* = Ecke) war eigentlich immer ein Lückenbüßer. Zwischen dem Bulldog Koffieshop und dem City-Kino war es eine ganze Etage kleiner als die Nachbarn und wirkte, als würde es mit eingezogenen Schultern an der Ecke stehen. Aber der zähnefletschende Kopf der Bulldogge des Kifferparadieses war natürlich ein beliebtes Fotomotiv bei Besuchern, und so kamen auch die beiden Biergläser des Heineken Hoek immer wieder mit aufs Bild und gehörten irgendwann dazu.

Anfang der 2020er Jahre wurde der Bau abgerissen. Der Neubau sollte gefälliger und größer sein, auf dass bald niemand von einer Lücke spricht. The Diamond sollte ein Boutique-Hotel werden, und um zu zeigen, dass man die Vergangenheit nicht vergessen hat, würde das Heineken Hoek als Café weiterleben. Bauherr der ganzen Chose war der Immobilienmagnat Won Yip, der im holländischen Pendant der TV-Show »Die Höhle der Löwen« ungefähr dieselbe Rolle spielt wie der Veronica-Ferres-Gatte Maschmeyer.

Doch als sich hinter den Gerüstplanen abzeichnete, wie das neue Diamond aussehen würde, erhob sich bald Protest. Der Leidseplein ist vermutlich der zweitberühmteste Platz (zumindest aus der Sicht des Rembrandtpleins), klar, dass da fast jeder in der Stadt eine Meinung hat.

Und viele Meinungen fielen bald vernichtend aus. Offiziell war das Design des Diamonds an die Struktur des Diamanten Koh-i-Noor angelehnt, aber viele Leute fühlten sich eher an eine Einkaufstüte des Bijenkorf (siehe Ort 14) oder an ein Dixi-Mietklo erinnert.

Die Krone wurde der ganzen Sache dadurch aufgesetzt, dass noch vor der Eröffnung ein Architekturwettbewerb ausgerufen wurde, in dem eine neue Bebauung vorgestellt wurde. Nach einigem Hickhack soll The Diamond nun für das Publikum eröffnet werden. Vielleicht legt sich dann der Aufruhr. Oder es folgt tatsächlich ein weiterer Neubau auf den vorhandenen Neubau.

Adresse Kleine-Gartmanplantsoen 1, 1017 RP Amsterdam (Centrum) | ÖPNV Tram 1, 2, 5, 7, 12, Haltestelle Leidseplein | Google-Maps-Code 9V7M+G8 Amsterdam, Niederlande | Tipp The Alfred Hotel (Cornelis Schuytstraatn 58–60, 1071 JL Amsterdam) ist ein Boutique-Hotel, das sein Publikum bereits gefunden hat.

31_Die drei Dromedare

Die Karawane zieht ihren Weg

Die Wibautstraat ist eine eher untypische Straße in Amsterdam. Mehrspurig in jeder Richtung zieht sie östlich vom Zentrum anderthalb Kilometer von Nord nach Süd. Im Süden kreuzt sich die Allee mit einer anderen breiten Straße, der Vrijhijdslaan, die in den Jahren nach dem Zweiten Weltkrieg für kurze Zeit (übersetzt) Stalinallee hieß, aber das ist eine andere Geschichte. Uns interessiert hier eher, dass man bei dieser Kreuzung an den Gleisen die Silhouetten von drei Kamelen sieht. Genauer gesagt, drei Dromedaren. Wie nicht nur Kreuzworträtselfreunde wissen: Ein Dromedar hat im Unterschied zum Trampeltier nur einen Höcker, aber da die Dromedare gegen die Trampeltiere gewinnen konnten, als damals die Frage entschieden wurde, wer kommt auf die Packung der Camel-Zigaretten, werden in der westlichen Welt die Begriffe Kamel und Dromedar oft synonym benutzt. Bleibt die Frage: Wie kommen die dahin?

Ein erster Verdacht fällt auf den Street-Art-Künstler Frankey (siehe Ort 24), aber der ist in diesem Falle unschuldig. Wie die Künstlerin Iris le Rütte vor Jahren in einem Interview berichtete, erhielt sie den Auftrag, einfach ein Kunstwerk zu entwerfen, das ein bisschen Leben in die trostlose Betonschneise bringt. Ihre erste Assoziation war Fata Morgana – was auch der offizielle Titel des Kunstwerks ist –, und von da aus war der Weg zu drei stoisch vor sich hin trabenden Kamelen nicht mehr weit.

Man könnte an dem Kunstwerk nun viel interpretieren. Es als Auftrag zu sehen, auch mal dem Trott des Alltags zu entfliehen und auf nicht so ausgetretene Pfade auszuweichen. Auch liegt der Gedankengang von Betonwüste zu Kamel ziemlich nahe, aber vielleicht sollte man unter dem Strich einfach festhalten, dass vor allem vor dem Hintergrund eines Sonnenaufgangs der Anblick der Kamele fast täuschend echt wirkt und dass zu anderen Zeiten der Anblick nicht wenigstens ein Schmunzeln aufs Gesicht zaubert. Und das ist ja auch nicht zu verachten.

Adresse Pauwenpad, 1097 DN Amsterdam (Oost) | **ÖPNV** Tram 12, Haltestelle Amstelstation | **Google-Maps-Code** 8WX9+G2 Amsterdam, Niederlande | **Tipp** Das Nxt Museum (Asterweg 22, 1031 HP Amsterdam) bietet jede Menge Installationen moderner Kunst.

32 E. L. van Halen

Wo Eddies Eruption begann

Die Idee, den ersten Wohnsitz des kleinen Eddie van Halen als einen Ort aufzunehmen, den man in Amsterdam gesehen haben muss, kam bereits auf, als Eddie van Halen noch lebte. Und geplant war er für die aktualisierte Auflage, die schließlich Corona zum Opfer fiel. Doch als man damals rumfragte, ob hier sich noch jemand an Eddie van Halen erinnert beziehungsweise ihn als großen Sohn der Stadt in Ehren hält, war die häufigste Reaktion: »Eddie wer?« Selbst Leute, die sich noch mit dieser altmodischen Sache namens Rockmusik beschäftigten, hatten nicht auf dem Schirm, dass Eddie van Halen ursprünglich kein kalifornischer Sonnyboy, sondern ein waschechter Amsterdamer Junge war.

Das änderte sich, als Eddie van Halen 2020 starb. Plötzlich stand vielerorts zu lesen, dass Eddie mit vollem Namen Edward Lodewijk van Halen hieß, aus den Niederlanden kam und ihm die Popmusik mindestens ebenso viel zu verdanken hat wie Nico Haak mit seinem »Schmidtchen Schleicher«. Ich weiß, das ist ein gewagtes Statement, aber ich habe mir diese Einschätzung gründlich durchdacht und ich stehe zu ihr. Nur, wo Eddie denn mit seinen Eltern und seinem Bruder Alex in Amsterdam gelebt hat, das war nirgendwo zu lesen. Aber dafür sind wir ja da – noch mal vielen Dank an die netten Leute vom Stadtarchiv.

Natürlich gibt es an der Adresse nicht viel zu sehen. Als Jan und Eugenia van Halen hier einzogen, dürften sie erst Erstbezieher gewesen sein. Aber so richtig gefallen hat es ihnen vermutlich nicht, vielleicht wurde es mit den beiden Kindern auch einfach schnell zu klein.

Bevor es dann Richtung Amerika ging, zogen die Van Halens erst noch für eine Weile nach – ausgerechnet – Nimwegen. Möglicherweise, um den Abschied von der alten Heimat etwas leichter zu machen. Aber dann ging es Anfang der 1960er Jahre über den Großen Teich ins gelobte Land und der Rest ist – wie man so schön sagt – Geschichte.

Adresse Nico van Suchtelenhof 6–1, 1064 PX Amsterdam (Nieuw West) | ÖPNV Tram 13, Haltestelle Burgemeester Rendorpstraat | Google-Maps-Code 9RFJ+WR Amsterdam, Niederlande | Tipp Der derzeit bekannteste niederländische Rockgitarrist dürfte Paul Davids (pauldavidsguitar.com) sein, der auf YouTube über drei Millionen Follower hat. Dafür, dass er aus Rotterdam kommt, kann er ja nichts.

33 Die Embassy of the Free Mind

Geben Sie Gedankenfreiheit, Sire

Im Zeitalter der Aufklärung und auch eine Weile davor und danach war Amsterdam so etwas wie der Lesesaal der Welt. Hier konnte alles gedruckt werden, was anderswo Autoren und Verleger in Verlegenheit oder gar ins Gefängnis bringen konnte. Das betraf einerseits wissenschaftliche Erkenntnisse (die Erde ist keine Scheibe) wie auch geistige Ideen (alle Menschen sind gleich und haben ein Recht auf das Streben nach Glück). Doch auch all die Mystiker und Anhänger von diversen Geheimwissenschaften, Alchimisten, Freimaurer und andere fanden hier einen Ort, an dem sie ungestört ihren Lieblingsbeschäftigungen nachgehen konnten.

Und die Embassy of the Free Mind ist ein Ort, an dem die Erinnerung an diese Zeiten wachgehalten werden und möglich auch in ihrem Geiste weitergeforscht werden soll. So ist das Haus an der Keizersgracht einerseits eine Art Museum. Es gibt hier Zehntausende Bücher und Manuskripte, einen Rare Book Room, in dem Folianten von unschätzbarem Wert ausgestellt werden, aber auch Führungen und Vorträge. Wobei eine gewisse Schwäche für all jene, die den Welträtseln und Mythen auf der Spur sind, unübersehbar ist. So ist der Wintermärchenerzähler Heinrich Heine hier vor allem als Mystiker und unter dem Vornamen Harry bekannt.

Begründet wurde die Embassy of the Free Mind von Joost Ritman, der durch den Verkauf von Wegwerfbesteck an Fluggesellschaften ein vermögender Mann wurde. Doch ihn zeichnete nicht nur Reichtum, sondern auch Bildung aus. Und als er zum Geburtstag ein gut erhaltenes Exemplar des Buches Aurora des deutschen Mystikers Jakob Böhme (1575–1624) geschenkt bekam, war ihm klar, wofür er seinen Reichtum in Zukunft aufwenden würde. Er übertrug seine Buchsammlung 2016 an eine Stiftung und ein Jahr später wurde die Embassy eröffnet.

Adresse Keizersgracht 123, 1015 CJ Amsterdam (Centrum) | ÖPNV Tram 13, 17, Haltestelle Westermarkt | Google-Maps-Code 9VGP+HW Amsterdam, Niederlande | Netz embassyofthefreemind.com | Tipp Um an einen Mann zu erinnern, der für das Haus recht wichtig war: das Spinoza Denkmal (Amstel 1–3, 1011 PN Amsterdam).

34 Der Engelbewaarder

Schutzengel für einsame Seelen

Eigentlich wusste Joseph Roth nie recht, wohin er gehörte. Sein Vaterland, die alte k. u. k. Monarchie Österreich-Ungarn – der er mit seinem Roman »Radetzkymarsch« ein literarisches Denkmal gesetzt hatte –, gab es nicht mehr, und wenn die Leute ihn nach seinem Vater fragten, erzählte er lieber, dass der sich aufgehängt habe. Das war ihm immer noch weniger peinlich als dessen wahres Schicksal. (Roth senior hatte den Verstand verloren. Nicht wirklich verblüffend in einer Zeit, die aus den Fugen geraten war.)

Von Wien hatte das Schicksal den Junior nach Berlin geführt, wo er erfolgreich wurde, aber immer auch ein Fremder blieb. Vielleicht war er deshalb ein solch sensibler Beobachter, weil er sich eigentlich nirgendwo als Teil seiner Umgebung sah. Paris hatte Joseph Roth geliebt, dort wäre er gern als Korrespondent geblieben, doch das ging nicht lang gut. Nach der Machtergreifung der Nazis musste Joseph Roth flüchten. Er fühlte sich – wieder mal – entwurzelt. Zu den wenigen Orten, die für Joseph Roth ein Heim waren, gehörten Cafés wie der Engelbewaarder. Benelux war sowieso eine gütige Fremde. Niederländische Verlage veröffentlichten weiter seine Texte, in Oostende konnte er Stefan Zweig treffen, der nicht halb so viel trank, aber doppelt so pessimistisch war. In Lokalitäten wie dieser war Roth unter Gleichgesinnten. Unter Leuten, die wie Humphrey Bogart in Casablanca auf die Frage »Was ist Ihre Nationalität?« mit »Ich bin Trinker« geantwortet hätten. Und wenn Joseph Roth Glück hatte, dann kam auch Irmgard Keun vorbei, die nicht nur schreiben konnte, sondern fast so viel vertrug wie er.

Der Engelbewaarder lohnt auch heute noch einen Besuch. Und wenn es vielleicht auch nicht mehr so viele Literaten unter den Gästen gibt (obwohl, das weiß man ja nie), wird noch immer ein literarisches Programm geboten. Und Jazz. Jeden Sonntag ab vier spielen hier Victor de Boo (Schlagzeug), Jacko Schonderwoerd (Bass) und Leo Baumeester (Piano).

Adresse Kloveniersburgwal 59, 1011 JZ Amsterdam (Centrum/Nieuwmarkt) | ÖPNV M 51, 53, 54, Haltestelle Nieuwmarkt | Google-Maps-Code 9VCX+49 Amsterdam, Niederlande | Netz cafedeengelbewaarder.nl | Tipp Das Café Schiller – nomen est hier tatsächlich omen – (Rembrandtplein 24-A, 1017 CV Amsterdam) ist eine Lokalität für Gäste mit literarischen Ambitionen von heute.

35 Evert's Vishuisje

Der junge Mann und das Meer

Was dem Weinliebhaber *Le beaujolais est arrivé* ist dem holländischen Heringsfreund *Hollandse nieuwe*. Man kann natürlich auch einfach Matjes dazu sagen. Jedes Jahr im Juni wird in Scheveningen die Fangsaison eröffnet, und dann sieht man überall Plakate mit den Ankündigungen, und bald darauf stehen vor den diversen Buden viele Menschen, die genießerisch den Kopf in den Nacken legen, einen Hering am Schwanz packen und ihn im Schlund verschwinden lassen.

Natürlich verlangen die echten Hollandse Nieuwe eine ganz besondere Zubereitung, die wiederum bestimmte Kenntnisse voraussetzt. Aber das soll uns jetzt hier nicht weiter interessieren, für uns ist es nur wichtig zu wissen, dass es weiterhin Menschen gibt, die diese Tradition am Leben halten. Menschen wie Evert und sein Fischhäuschen.

Wollte man Everts Leben bis dato in einem Satz zusammenfassen, könnte man sagen: Laich pflastert seinen Weg.

Evert war elf Jahre alt, als er zum ersten Mal mit seinem Vater von Katwijk zum Fischen fuhrt. Schon nach dem ersten Törn hatte ihn die Leidenschaft gepackt. Ihm war egal, ob andere den Job cool fanden. Er wusste, das ist das, was ich machen will. Und am liebsten wollte er so früh wie möglich damit anfangen.

Seine Leidenschaft wurde schließlich so groß, dass sogar seinem Vater Bedenken kamen. Evert sollte erst auch mal was anderes probieren. Wenn ihm das nicht gefiel, könnte er ja immer noch zur Fischerei und den Jagdgründen auf der Nordsee zurückkehren.

Nach einigem Zögern nahm Evert den Ratschlag des Vaters an und ging – zur Marine. Das war jetzt nicht ganz so weit von der Fischerei entfernt, aber immerhin was anderes. Als Evert wieder zurückkehrte, konnte er endlich seine eigene Fischhändler-Karriere starten. Er übernahm den Laden in der Potgieterstraat. Der stand zuvor ein halbes Jahr leer, doch Evert verwandelte ihn aus dem Stand in ein florierendes Unternehmen.

Adresse Potgieterstraat 75, 1053 XV Amsterdam (West) | **ÖPNV** Tram 7, Haltestelle Bilderdijkstraat | **Google-Maps-Code** 9V9C+JF Amsterdam, Niederlande | **Tipp** Frens Haringhandel (Singel 468, 1017 AW Amsterdam) lebt Familientradition seit 40 Jahren.

36 Das EYE

Viele Filme aus dem Flachland

Auf der Weltkarte des Films ist Amsterdam alles andere als ein weißer Fleck. Diverse weltbekannte Filme wurden hier gedreht, und vielleicht noch mehr Film-Menschen suchten und fanden hier Inspiration für ihre bahnbrechenden Arbeiten.

Im letzten Jahrhundert ist der wohl bekannteste Streifen »Amsterdammed« (»Verfluchtes Amsterdam«) mit einer ziemlich hanebüchenen Handlung, aber vielen wird die Verfolgungsjagd mit Motorbooten auf den Grachten noch in Erinnerung sein.

Wenn bei ihnen ein Film gedreht wird, reagieren Amsterdamer so wie die meisten coolen Großstädter, sie sind innerlich stolz, versuchen aber, sich äußerlich so genervt wie möglich zu geben.

Quentin Tarantino saß im Koffieshop Betty Boop – der müsste jetzt unter dem Namen Easy Times in der Reguliersdwarsstraat seine Geschäfte weiterführen – und dachte sich dort seine komplexen Handlungsstränge von »Pulp Fiction« aus. Als George Clooney mit seiner »Ocean«-Crew einen Betriebsausflug nach Amsterdam machte, sorgte nicht nur Brad Pitt für erhöhten Puls, als er im Carrousel (Ort 25) einkehrte.

Unter den Oscar-Gewinnern sind Holländer stärker vertreten als man gemeinhin glaubt. Der Kameramann Hoyte van Hoytema (»Oppenheimer«) war bislang der letzte. Dass Hoytema die meiste Zeit seines Lebens in Schweden verbracht hatte, wurde in diesem Zusammenhang in seinem Heimatland gnädig übersehen. Insgesamt haben elf Niederländer die Trophäe gewonnen, der erste war Hermann Rosse im Jahre 1930.

2012 wurde das Filminstitut EYE eröffnet. Der Name des Hauses spielt in mehrfacher Hinsicht mit Worten. Das Gewässer IJ wird ausgesprochen wie das englische *eye* und auch das Gebäude selbst sieht aus einem bestimmten Winkel wie ein menschliches Auge aus. Auf jeden Fall ist die Architektur so ungewöhnlich, dass man sich fragt, weshalb hier noch nie ein Film gedreht wurde.

Adresse IJpromenade 1, 1031 KT Amsterdam (Noord) | ÖPNV F 3, Haltestelle Buiksloterweg | Google-Maps-Code 9WM2+PG Amsterdam, Niederlande | Netz eyefilm.nl | Tipp Wer selbst aktiv werden möchte: Bei I'm Studio (Oostenburgermiddenstraat 140, 1018 LL Amsterdam) können angehende Cineasten Studios, Locations und Equipment anmieten.

37_Das Faralda-Kraanhotel

Über den Wolken

Die 13 muss nicht immer eine Unglückszahl sein. Kran Nummer 13 gehörte zu den vielen Kränen, die am Nordufer des IJ die Silhouette der Hafenmetropole Amsterdam prägten. Als die Werften gegen Ende des letzten Jahrhunderts nach und nach geschlossen wurden, verschwanden auch die Kräne – einer nach dem anderen. Den Stadtoberen schwebte für die Gegend eine Art kreativer Abenteuerspielplatz vor. Aus Werfthallen sollten Studios und Ateliers werden, und da Künstler sich meist gern zur Schau stellen, sollten Besucher ihnen bei der Arbeit zusehen können und so für Publikumsverkehr sorgen.

Das funktioniert bis heute auch recht gut, nur kein Künstler war so verrückt, sich ein Atelier in einem Kran einzurichten. Deshalb wurden die auch verschrottet. Alle, bis auf besagte Nummer 13. Bis Edwin Kornmann Rudi kam, der sich als Immobilienentwickler für gewagte Projekte versteht. Der Kran wurde abgebaut, nach Friesland in eine Spezialwerkstatt gebracht, dort umgebaut und schließlich wieder zurückgebracht. Bevor der Kran als Herberge funktionieren konnte, mussten einige technische Probleme gelöst werden. Arbeitskräne schwanken beispielsweise heftig im Wind, das ist so gewollt, bei Hotelgästen aber eher nicht gewünscht. Auch sanitäre Probleme mussten gelöst werden. Wenn ein Kranführer aufs Klo muss, fährt er halt runter oder guckt, ob er eine Flasche zur Hand hat. Hotelgästen würde man so einen Umgang mit privaten Bedürfnissen wohl eher nicht zumuten wollen.

Als Letztes wurden rechtliche Probleme geklärt: Kann ein beweglicher Kran tatsächlich als Immobilie durchgehen? 2014 wurde das Hotel eröffnet, und es hat neben der luftigen Höhe den Vorteil, dass es auch ausgebucht keinen Stress und keine Hektik gibt. Kein Wunder: Es gibt nur drei Zimmer, jedes aber immerhin 35 Quadratmeter groß. Die Preise sind der Höhe des Bauwerks angemessen: exorbitant.

Adresse NDSM-Plein 78, 1033 WB Amsterdam (Noord) | ÖPNV F 4, Haltestelle NDSM | Google-Maps-Code 9VXV+QV Amsterdam, Niederlande | Netz faralda.com | Tipp Auch am Wasser, aber nicht ganz so hoch: das Café Amstelhaven (Mauritskade 1, 1091 EW Amsterdam).

38 Die FeBo

Essen aus dem Schließfach

Mitte des letzten Jahrhunderts gab es in den Vereinigten Staaten einen Trend, von dem man dachte, er würde Gastronomie und Ernährung gleichermaßen revolutionieren. Die Automaten-Restaurants, wo die Leute wie an einem Kaugummi-Automaten durch eine Scheibe ihre Mahlzeit wählen und dann durch Münzeinwurf bezahlen können. Mittlerweile sind Automaten-Restaurants auf dem Planeten so verbreitet wie CB-Funk und Video-Kassetten, die meisten Leute dürften nicht einmal mehr wissen, was ein Automaten-Restaurant ist. Allerdings keine Regel ohne Ausnahme: In Holland lebt in Gestalt der FeBo-Kette die Tradition der Automaten-Restaurants fort.

Da eine berühmte FeBo-Filiale ihre Heimstatt in der Ferdinand Bolstraat hat, denken viel, dass hier die erste Filiale eröffnet wurde. Das stimmt nicht ganz. Der Firmengründer hatte in der Ferdinand Bolstraat sein Handwerk als Bäcker erlernt, die erste Filiale eröffnete 1960 am Karpersweg, die in der Ferdinand Bolstraat erst 1978. Aber eigentlich ist es auch egal. Die Filiale in der Ferdinand Bolstraat ist vermutlich tatsächlich die bekannteste, insofern ist die Assoziation auch wieder vollkommen in Ordnung.

Obwohl Johan de Borst von Haus aus Bäcker war, war das erste Produkt, dass er in seinen Automaten anbot, Kroketten, und die sind auch heute im Programm. Wie die große Konkurrenz der weltweit agierenden Bulettenschmieden, betreibt auch FeBo nur eine geringe Anzahl der Filialen selbst. Die meisten werden von Franchisenehmern betrieben. Insgesamt soll es um die 60 Filialen geben. Im Laufe der Zeit galten sie als feste Zutat des holländischen Lebensstil, weshalb sich auch gerne holländische Prominente (landesübliches Kürzel BN, bekende Nederlander) in einer Filiale ablichten ließen. Und Johan Cruyff machte einst auch Werbung für FeBo. Wobei der Kettenraucher sich nicht den Hinweis verkniff, dass sportgerechte Ernährung natürlich eigentlich ganz anders aussieht. Ein Schelm, wer Arges dabei denkt.

Adresse Ferdinand Bolstraat 89B, 1072 LD Amsterdam (Zuid) | ÖPNV M52, Haltestelle De Pijp | Google-Maps-Code 9V3R+H9 Amsterdam, Niederlande | Netz febo.nl | Tipp Wer auf Fast Food steht, findet in Holendrecht (Tafelbergweg 2B, 1105 BN Amsterdam) am Foodstrip Angebote aller großen Marken.

39 Die Feuerwache Dirk

Brennen für die Stadt

Wer Dirk heißt und nach Holland fährt, der hat's gut. Denn erstens gibt es dort die Supermarktkette Dirk van den Broek. Die verkauft rote Einkaufsbeutel. Die sind so stabil wie Ikea-Tüten und mit einem Dirk-Schriftzug (dem Logo der Bild-Zeitung nicht unähnlich) verziert. In Dirk-interessierten Kreisen haben sich diese Tüten längst als ein günstiges und dennoch personalisiertes Holland-Souvenir durchgesetzt.

Aber auch bei anderen Gelegenheiten treffen die Dirks aller Herren Länder immer wieder auf ihren Namen. Was unter anderem damit zusammenhängt, dass Dirk im niederländischen Buchstabier-Alphabet für D, den vierten Buchstaben, steht. Was erklärt, wie die Feuerwache im Museumsviertel – offiziell Brandweerkazerne Dirk – zu ihrem Namen kam. Sie war die vierte der Stadt. Heute ist sie die älteste erhaltene Feuerwache, nicht nur in Amsterdam, sondern in ganz Benelux.

Die Brandweerkazerne Dirk wurde 1870 erbaut. Erst vier Jahre später bekam Amsterdam eine Berufsfeuerwehr. Deren Personalbestand schwoll immer weiter an, bis schließlich vor der Jahrhundertwende an die 800 Menschen bei der Amsterdamer Berufsfeuerwehr beschäftigt waren. Und da waren die hundert Leute von der freiwilligen Feuerwehr noch gar nicht mit einberechnet. Ob das nun viel oder wenig Personal ist, kann ein Laie schwer entscheiden, auf jeden Fall steht fest, von großen Feuersbrünsten, die die Geschichte anderer europäischer Großstädte nachdrücklich prägten, blieb Amsterdam zum Glück verschont. Die letzten großen Brände liegen Jahrhunderte zurück. 1977 kam es im Hotel Polen an der Kalverstraat (heute eine Fußgängerzone und Einkaufsmeile) zu einem Großbrand. Um den Flammen zu entkommen, sprangen viele Gäste (überwiegend Touristen aus Schweden) aus dem Fenster. Am Ende überlebten 33 Gäste die Katastrophe nicht, knapp zwei Dutzend wurden verletzt.

Das Hotel wurde nicht wieder aufgebaut. Unweit der Stelle, wo es stand, findet sich jetzt der Amsterdamer Ableger von Madame Tussaud's.

Adresse Honthorststraat 27, 1071 DC Amsterdam (Zuid) | ÖPNV Tram 2, 5, 12, Haltestelle Museumplein | Google-Maps-Code 9V5P+59 Amsterdam, Niederlande | Tipp Falls es um die Dirk-Tüten geht: Ein großer Dirk-van-den-Broek-Supermarkt findet sich am Marie Heinekenplein 25, 1072 NH Amsterdam.

40__Die Fitz's Bar

Mit Cocktails ganz nach oben

Wenn die Sonne scheint, sind Dachterrassen ein guter Ort, den Tag in Amsterdam ausklingen zu lassen. Wenn man nichts Besseres vorhat, kann man hier auch den ganzen Tag vertrödeln. Eine gute Idee ist natürlich auch eine Bar, und bei einer Bar liegt es nahe, sie nach einem Schriftsteller zu benennen. Weil Alkohol und Literatur ja alles andere als eine Hassliebe verbindet, und wer jetzt nur an Schriftsteller wie Hemingway denkt, der sei an Dorothy Parker erinnert oder an Sara Paretzkys Heldin V. I. Warshawsky, deren Ermittlungspfade von leergetrunkenen Minibars gepflastert waren.

Ein anderer barkompatibler Name ist natürlich Francis Scott Fitzgerald. Und der wird in den Bars des Pillows Hotel sogar an zwei Stellen geehrt. Im Souterrain gibt es Fitz's Bar, die eindeutig von den Goldenen Zwanziger Jahren des letzten Jahrhunderts inspiriert ist. Und auf dem Dach Fitz's on the Roof, wo man einen super Ausblick auf das Tropenmuseum und den Oosterpark hat.

Aber die größte Attraktion beider Bars ist der Manager und Barkeeper. Nick Vrielink komponiert seine Cocktails nicht nur mit Stil – er trägt während der Arbeit einen weißen Smoking –, er hat auch schon, obwohl er noch jung ist, so einiges an Erfolgen vorzuweisen. Bei den Meisterschaften der International Bartenders Association gewann er zweimal hintereinander die Goldmedaille, 2022 und 2023.

Als die Meisterschaften in Rom ausgetragen wurden, gab es nach der Meisterschaft auch einen Segen von Papst Franziskus, was zumindest zu der Vermutung berechtigt, dass am Heiligen Stuhl sehr viel weiter als bis zum nächsten Messwein gedacht wird.

Und es sind in beiden Fitz's Bars nicht nur die Cocktails, die was Besonderes sind. Die Liebe zum Detail geht bis in die letzten Zutaten. Selbst die Tomaten, die in den Cocktails verbaut werden, stammen aus dem Garten des Chefs.

Adresse Mauritskade 61, 1092 AD Amsterdam (Oost) | **ÖPNV** Tram 14, 19, Haltestelle 1e v. d. Swindenstraat | **Google-Maps-Code** 9W69+VV Amsterdam, Niederlande | **Netz** fitzsbaramsterdam.com | **Tipp** Hier hat man ebenfalls einen guten Blick von oben: in der Sonora Bar (Europaboulevard 2b, 1078 RV Amsterdam).

41 Fleur & Wouter

Mit Kunst & Künstlern auf Du & Du

Amsterdam gehört zu den großen, bekannten, berühmten Kunstmetropolen der Welt. Und das ist genau der Grund, weshalb sich in diesem Buch nur sehr spärlich Informationen über das Rijksmuseum, das Van-Gogh-Museum oder das Stedelijk Museum finden. Man weiß nie, was man voraussetzen kann, aber wir denken, dass diese Namen dem breiten Publikum geläufig sind, und Experten werden sich vermutlich in der Fachliteratur informieren.

Was nicht heißt, dass wir uns dem Thema Kunst verweigern. Denn auch jenseits der großen Namen gibt es in der Stadt einiges zu entdecken. Die Galerie Fleur & Wouter beispielsweise. Die Frage, was diese Galerie von vielen anderen unterscheidet, lässt sich am besten wie folgt beantworten: Fleur & Wouter richtet sich an ein junges Publikum. Fleur & Wouter ist offen für junge Künstler. Fleur & Wouter will Leute für Kunst begeistern, die in dieser Richtung kaum vorbelastet sind und vielleicht noch nie einen Schritt in eine Galerie gesetzt haben, weil sie fürchten, als Kunstbanause diskreditiert zu werden.

Dass diese Furcht unberechtigt ist, beweisen Fleur und Wouter auch mit ihrer eigenen Biografie. Fleur Feringa interessierte sich als Teenager vor allem für Mode und kam mit Kunst zum ersten Mal in Berührung, als ihre PR-Agentur eine Künstlerin betreute. Der Vater von Wouter van Herwaarden arbeitete bei der Bahn beim Gütertransport und bekam vom Büro des Architekten Rem Kohlhaas ein Begleitbuch für eine Frachtsendung Kunst geschenkt, die den Sohn dann so begeisterte, dass er später Kunst studierte.

Die Mission der Galerie lässt sich in etwa wie folgt beschreiben: Zeigen, wie viel Spaß der Umgang mit Kunstwerken machen kann. Leute für Kunst begeistern. Leute dazu zu bringen, Kunst zu kaufen. Und am liebsten: Leute dazu zu bringen, Kunst zu sammeln. In der Galerie gibt es also jede Menge moderner, junger Kunst, aber eben auch Konzerte, Dinner und Performance. Wer Kunst und Künstler live erleben will, wird in der Stadt schwerlich einen einladenderen Ort finden.

Adresse Van Ostadestraat 43A, 1072 SN Amsterdam (Zuid) | ÖPNV Tram 3, 12, 24, Haltestelle De Pijp | Google-Maps-Code 9V2Q+PC Amsterdam, Niederlande | Netz galeriefleurenwouter.com | Tipp Die Galerie De Schans (Warmoesstraat 67, 1012 HX) ist ebenfalls ein Ort, wo man Leuten den Zugang zur Kunst so leicht wie möglich machen will.

42 Der Flowershop Ivy

Er sagt dir, wo die Blumen sind

Der Flowershop Ivy am Leidseplein ist seit Jahrzehnten die erste Adresse in Amsterdam, wenn es um Blumen geht. Besitzer Jan Dippell Ritzinger führte den Laden seit über 50 Jahren. Und wenn es einen Menschen gibt, bei dem man den Eindruck hat, dass er alles über Blumen weiß, dann ist er es. Und er hat eine klare Meinung. Meneer Ritzinger mag keine Lilien und keine Chrysanthemen, und er mag kein Gelb, denn das sei die Farbe des Hasses.

Seine Eltern kamen in den 1930er Jahren aus Österreich in die Grachtenstadt. Als Schüler zeichnete Ritzinger sich nicht besonders aus. Aber er wusste schon früh, dass er Florist werden wollte. Und als er endlich eine Lehrstelle fand, lernte er alles über Blumen, was es zu wissen gab. Er wusste, er hatte sein Glück gefunden.

Der Flowershop belieferte örtliche Hotels und die Luxusmarke Cartier. Die Blumen für die Gedenkfeiern am Dam kamen von hier, und auch die königliche Familie wurde versorgt.

Der Boss vom Ivy Shop kann nicht nur viele Geschichten erzählen, er hat sie teilweise auch selbst erlebt. So war er nicht nur für die Blumen in der Hilton-Suite der Lennons (siehe Ort 96) verantwortlich, er schmückte die Bootsfahrt des Paares auf den Grachten mit Blumen aus. Es gab nämlich damals nicht nur ein »Bed In«, sondern auch – wenn man so will – ein »Boat In«. Leider bekam das nur einen Bruchteil der Aufmerksamkeit, die den Kissenschlachten im Luxus-Hotel zuteil wurden.

Wenn man ein Geschäft so lange betreibt, ist es natürlich klar, dass es so nicht ewig weitergehen kann. Momentan arbeitet Dr. Ritzinger (»Ich bin zur Hälfte Österreicher, aber wenn ich mich ärgere, sage ich meinen niederländischen Nachbarn manchmal, es könnten auch drei Viertel sein«) an Konzepten und Ideen, wie er sein Wissen an die nächste Generation weitergeben kann. Wie das genau aussehen wird, steht derzeit noch nicht fest. Eines ist aber jetzt schon klar, das Ende der Fahnenstange ist mit dem Flowershop Ivy noch nicht erreicht.

Adresse Haarlemmerdijk 49, 1013 KB Amsterdam (Centrum) | **ÖPNV** Centraal Station | **Google-Maps-Code** 9VJQ+V4 Amsterdam, Niederlande | **Netz** ivy.nl | **Tipp** Lt. Meneer Ritzinger das zweitbeste Haus am Platz, wenn es um Blumen geht: Fleurmonde (Haarlemmerdijk 49, 1013 KB Amsterdam).

43_Das Free Willie

Freikörperkultur

Um es mal gleich rundheraus zu sagen: Um Walbeobachtung geht es hier eher nicht. Zwar sind auch Non-Binäre und Transpersonen willkommen, und es gibt auch Tage, an denen man angetan mit einem Kleidungsstück kommen kann, aber im Grunde ist das Free Willie eine Schwulenbar, die dem Zweck dient, schwule Männer zusammenzubringen, die sich gern ohne Umschweife nackt begegnen. Angeblich geht es vordergründig nicht um Sex. Das kann man glauben, muss man aber nicht. Wer einfach nur Billard spielen will, sollte sich aber vielleicht besser eine andere Lokalität suchen.

Das Free Willie gibt es seit Dezember 2023 und wird von Leuten betrieben, die schon seit einigen Jahren reichlich Erfahrung mit einschlägigen Läden, Clubs und Festivals haben. Was sich auszahlte. Der Laden gehört mittlerweile zu den bekanntesten Adressen der Stadt.

Und dass es das Free Willie hier gibt, wird vielfach als Indiz dafür gesehen, dass Amsterdam immer noch die liberalste Stadt Europas ist, wo der Gay Pride demnächst einen Monat lang abgefeiert werden soll und nur hier derartige Etablissements so unaufgeregt funktionieren können.

Aber daraus sollte man nicht schlussfolgern, dass hier alles eitel Sonnenschein ist. Berichte über Übergriffe, diskriminierendes Verhalten oder gar körperliche Attacken hört man auch hier. In den Randbezirken zum Beispiel wird man Regenbogenfahnen eher selten sehen, was nicht zwangsläufig daran liegt, dass die Leute nicht Flagge zeigen wollen, sondern daran, dass die Vermieter das Beflaggen untersagt haben. Und die haben das auch nicht getan, weil sie Spielverderber sein wollen, sondern weil die Versicherungen einfach die eingeworfenen Fensterscheiben nicht mehr bezahlen wollen. Und eine jüngst erhobene Umfrage unter jungen (!) Amsterdamern kam zu dem Ergebnis, dass mehr als die Hälfte der Meinung ist, bei Homosexualität handele es sich um eine »unnatürliche« Lebensform.

Adresse Amstel 178, 1017 AE Amsterdam (Centrum) | ÖPNV Tram 14, Haltestelle Waterlooplein | Google-Maps-Code 9V8X+MP Amsterdam, Niederlande | Netz freewillie.nl | Tipp De Trut (hier gilt wie bei »Reet« weiter vorn: einfach mal googeln), Bilderdijkstraat 165-E, 1053 Amsterdam, eine Kneipe, die sich an dasselbe Publikum richtet.

44 Die Fromagerie L'Amuse

Betty Koster, die Käsekönigin

Dass man an dem Thema Käse in Amsterdam nicht vorbeikommt, stand schon früh fest – eigentlich von Anfang an. Die Frage war nur, wie. Es gibt in Amsterdam so einige Spezial-Geschäfte, auch Ketten wie Henry Willig sind vertreten, aber die haben in Deutschland auch Filialen, das wäre dann tatsächlich ein bisschen so, als würde man Eulen (Käse) nach Athen tragen. Amsterdam hat – wie das umliegende Land – eine große Käsetradition. Schon seit dem Jahr 800 soll gekäst worden sein. Andere Marken klingen alt, sind aber dennoch relativ neu. Old Amsterdam ist erst seit 1932 auf diesem Markt, weil in diesem Jahr die Gründer ihren Fischereibetrieb auf dem IJsselmeer aufgeben mussten.

Und natürlich gibt es hier Sachen, die noch ein bisschen besonderer sind als der Rest. Zum Beispiel Läden, die mit Angebot, Auswahl und Käse-Know-how fast alles in den Schatten stellen. Allerdings ist es in Regel auch beim Thema Käse so, dass sich Trends zuerst in der Hauptstadt etablieren und sich dann von hier aus Schritt für Schritt in die Provinz ausbreiten. Bei der Fromagerie L'Amuse verhielt es sich jedoch umgekehrt. Sie kam aus der Provinz in die Hauptstadt.

Die Fromagerie L'Amuse hat ihren Ursprung in der Nordseeküstenstadt IJmuiden und entwickelte sich dort schnell zu einem der besten und spannendsten Käseläden des Landes. Im L'Amuse gibt es nicht nur Hunderte Käsesorten aus vieler Herren Länder, sondern auch jede Menge Käse-Fachwissen. Käse & Kochen, Käse & Wein und Probierabende. Das liegt vor allem an Betty Koster, der Geschäftsführerin des Unternehmens. Sie weiß mehr, viel mehr über Käse als viele andere Experten. Was man schon daran erkennt, dass sie allein fünf (!) Bücher über Käse geschrieben hat, die mit Begeisterung und Interesse gelesen werden. Seit geraumer Zeit gibt es auch eine Filiale in Amsterdam. Und dass die Provinz diesmal die Nase vorn hatte, damit muss sich in Amsterdam halt abfinden.

Adresse Olympiaplein 125, 1077 CX Amsterdam (Zuid) | **ÖPNV** Tram 24, Haltestelle Olympiaplein | **Google-Maps-Code** 8VW9+F4 Amsterdam, Niederlande | **Netz** lamuse.nl | **Tipp** In der Kaasbar (Ferdinand Bolstraat 10, 1072 LJ Amsterdam) ist man auf alle Käse-Fälle vorbereitet. Auch auf das »worst kaas scenario«.

45 Der Gerard Douplein

Der dritte Platz

Der Leidseplein und der Rembrandtplein sind die beiden bekanntesten Plätze Amsterdams. Auf dem Rembrandtplein standen lange Figurinen, die aus Rembrandts »Nachtwache« entlehnt waren. Man kann sich dort daneben stellen und ablichten lassen, was gerne von Besuchern genutzt wird. Beide Plätze sind bei Touristen sehr beliebt. Daher werden sie so gut wie überall erwähnt und beschrieben, weshalb wir uns in diesem Buch damit begnügen, sie nur am Rande zu beschreiben. Widmen wir uns stattdessen dem Platz, der in der Rangfolge der Beliebtheit in der Stadt den dritten Platz belegt: der Gerard Douplein im südlich gelegenen Viertel De Pijp.

Der Rembrandtplein ist nach einem Maler benannt, von dem der eine oder andere schon mal gehört haben mag, der Name Leidseplein stammt von der südholländischen Stadt Leiden. Der Gerard Douplein ist gewissermaßen die perfekte Symbiose von beiden. Denn auch Gerard Dou war ebenfalls ein Maler, allerdings längst nicht so bekannt wie Rembrandt, obwohl er dessen Zeitgenosse war. Da half auch nicht, dass er seinen Geburtsnamen Gerrit später in Gerard ummodelte. Und Gerrit/Gerard ist in Leiden auf die Welt bekommen, wo er später auch begraben wurde.

Auf dem Gerard Douplein – die Aussprache von Dou reimt sich übrigens mit Tau – gibt es auch ein Kunstwerk, das aber nicht von dem Namenspaten beeinflusst wurde. Es integriert dafür eines der Peperbus-Transformatorhäuschen (siehe Ort 81).

Lange Zeit war der Gerard Douplein ein Treffpunkt für die Leute aus der Nachbarschaft. Man trank hier sein »Pilsje« und war froh, unter sich zu sein. Aber seit den 1990er Jahren gilt der dreieckige Platz als beliebtes Ausflugsziel. Erst unter Studenten, später auch unter Yuppies, nur die meisten Touristen haben ihn nicht auf dem Schirm. Was eigentlich schade ist. Denn da er in der Nähe des allgemein beliebten Marktes an der Albert-Cuyp-Straat liegt, bietet sich ein Abstecher hierher nach einem Marktbesuch geradezu an.

Adresse Gerard Douplein, 1073 XE Amsterdam (Zuid) | ÖPNV Tram 24, Haltestelle Marie Heinekenplein | Google-Maps-Code 9V4V+94 Amsterdam, Niederlande | Tipp De Pilsvogel (Gerard Douplein 14, 1072 VE Amsterdam) ist ein angesagtes Terrassencafé direkt am Platz.

46 De Hallen

Fast alles unter einem Dach

Und was machen wir, wenn es regnet? Da gibt es mehrere Möglichkeiten. Zu den besten gehört ein Besuch in De Hallen. Da es hier auch ein Hotel gibt, könnte man auch die ganze Zeit seines Amsterdam-Aufenthalts hier verbringen, aber das wäre dann wohl doch ein wenig zu reduziert.

Dort, wo sich heute die Hallen befinden, wurden fast das ganze 20. Jahrhundert hindurch Straßenbahnen der GVB (Gemeente Vervoer Bedrijf) gewartet und repariert. Weil es Puristen gibt, die so etwas interessiert, sei der Vollständigkeit halber erwähnt, um welche Straßenbahnlinien es sich handelte: 1, 2, 3, 4, 5, 7, 10, 12, 13, 14, 16, 17, 18, 19 und 22.

Um die Jahrtausendwende wurden hier dann noch die Museumtrams geparkt, dann standen die Hallen eine Weile leer, bis eben 2014 die Gemäuer der neuen Bestimmung übergeben wurden. Um die Straßenbahnen von allen Seiten inspizieren zu können, musste die Remise weit, hoch und mit viel Licht versehen sein. Das zahlt sich heute aus, so findet so gut wie jedes Bedürfnis seinen Platz sowie jede Menge Läden zum Shoppen, die Foodhallen, die den Vergleich mit Feinkostabteilungen renommierter Kaufhäuser nicht zu scheuen brauchen. Es gibt ein Kino, eine Bibliothek und auch eine Galerie (Beeldend gesproken), in der sich Interessenten Kunstwerke ausleihen können. Vermutlich dürfte dieses Angebot bei Besuchern von außerhalb nicht auf wahnsinnig viel Interesse stoßen, aber übergehen wollen wir es auch nicht. Ebenso wie die Tatsache, dass hier auch in Holland sehr beliebte Fernsehsendungen aufgezeichnet wurden (die allerdings jenseits der Grenzen eher unbekannt sind). Und auch wenn es hier jede Menge Trubel gibt, findet sich in den Cafés auf dem Gelände auch immer wieder mal ein Ort der Ruhe. Wie gesagt, De Hallen sind eine Welt für sich. Sicherlich kein Grund für sich allein, um nach Amsterdam zu reisen, aber sollte man tatsächlich mal einen richtig miesen Regentag erwischen, kann man den hier tatsächlich sinnvoll verbringen.

Adresse Hannie Dankbaarpassage 47, 1053 RT Amsterdam (West) | ÖPNV Tram 3, Haltestelle Klinkerstraat| | Google-Maps-Code 9V89+PG Amsterdam, Niederlande | Netz dehallen-amsterdam.nl | Tipp Die IJ-Hallen gelten als Ort des größten Flohmarkts Europas (Eigenwerbung). Termine unter ijhallen.nl.

47 Das Helling 7

Blendende Aussichten am Hafen

Das Restaurant Helling 7 hat seinen Sitz am tt. Melissaweg. Und da in der Gegend mehrere Straßen merkwürdige Buchstabenkombinationen am Anfang führen, stellt sich die Frage: Was hat das zu bedeuten? Also: »tt« steht für Turbinentanker. Und Melissa? Der Turbinentanker »Melissa« wurde 1965 auf der Werft Van Giessen-De Noord gebaut. Die Straße erhielt ihren Namen 1987. Das ist ja interessant. In der Nähe gibt es auch noch den tt. Vasumweg. Das ist doch bestimmt auch ein interessanter Turbinentanker …

Wir sollten besser über Helling 7 sprechen. Eine Helling ist die Schräge, auf der die auf einer Werft gebauten Schiffe zu Wasser gelassen werden. Und somit ist der Ort und die frühere Bestimmung des Restaurants auch schon ganz beschrieben. Das Essen im Restaurant ist gut, aber es gibt auch Leute, die sagen, sie würden allein wegen der Aussicht kommen. Wer im Helling 7 einkehrt, hat das Gefühl, direkt im Hafen von Amsterdam zu sitzen, ein Gefühl, das man anderswo kaum kriegt. In vielen Ecken der Stadt kann man gut vergessen, dass es sich bei Amsterdam überhaupt um eine Hafenstadt handelt.

Für das Restaurant wurden Teile der alten Werft recycelt, weshalb manche Besucher auch von einer Ästhetik sprechen, die an die alten »Mad Max«-Filme mit Mel Gibson erinnert. Viel recycelter Stahl. Aber auch kulinarisch hat das Haus einiges »auf der Pfanne«. So werden die Gerichte über offenem Feuer zubereitet, und ganz allgemein geht es den Hausherren darum, das Renommee des gerne übersehenen Stadtteils zu stärken. Ein Slogan der Helling lautet deshalb: Wer Amsterdam Nord nicht kennt, hat keine Ahnung von Amsterdam.

Und das Helling 7 hat einiges zu bieten. Hier kann man nicht nur faulenzen, sondern auch den Leuten auf der Werft Damen Shiprepair bei der Arbeit zusehen. Denn der Reparaturbetrieb ist die letzte noch arbeitende Werft der Stadt. Und während man beim Werkeln beobachtet, überkommt einen eine leise Ahnung, was die Stadt früher – als sich hier Werft an Werft reihte – groß gemacht hat.

Adresse tt. Melissaweg 57, 1033 SP Amsterdam (Noord) | **ÖPNV** F 4, Haltestelle NDSM | **Google-Maps-Code** CV4M+8X Amsterdam, Niederlande | **Netz** helling7.nl | **Tipp** Hannekes Boom (Dijksgracht 4, 1019 BS Amsterdam) ist ebenfalls ein Restaurant direkt am Wasser.

48_HEMA

Vielfalt in der Einheit

In den 1920er Jahren kamen die Chefs des Kaufhauses Bijenkorf (Ort 15) auf die Idee, einen Laden für Leute zu starten, die sich einen Einkauf in dem großen Warenhaus eher nicht leisten konnten. Also wurde 1926 in der Kalverstraat 170 das erste HEMA-Geschäft eröffnet. Vorbild waren die amerikanischen Five-&-Dime-Stores. Folgerichtig kosteten alle Waren im Geschäft entweder 25 oder 50 (Gulden-)Cent.

Bald gab es Filialen im ganzen Land. Der Firmenname bedeutet auf Niederländisch ausgeschrieben »Holländische Einheitspreisgesellschaft Amsterdam«, aber weil die Kette eben auch das Image eines Billigheimers hatte, interpretierten böse Zungen die Abkürzung bald anders. Zum Beispiel als »Hier essen Menschen Abfall«.

Nach dem Zweiten Weltkrieg wurde die Einheitspreisstrategie aufgegeben, aber nun galt die Regel, dass kein Produkt teurer als 100 Gulden sein sollte. In den 1960er Jahren gab es zum ersten Mal eine Bohrmaschine, viele Elektroartikel folgten. Sie wurden im Osten Deutschlands hergestellt und an HEMA geliefert, solange es die DDR gab. Anfangs genierten sich die Wohlhabenderen, bei HEMA gesehen zu werden, aber bald wurde die Kette Kult. Eine Art Mix aus Aldi und Ikea, denn viele HEMA-Produkte sind auch wegen ihres Designs begehrt, so zum Beispiel der Pfeifkessel »Le Lapin«, der in seiner Form tatsächlich ein wenig an ein Kaninchen erinnert. Heute werden die HEMA-Läden vorwiegend von Franchisenehmern betrieben. Die Muttergesellschaft wechselt alle zehn Jahre die Besitzer, und immer wieder wird befürchtet, dass die Kette ins Netz verschwindet und nur noch Online-Handel macht. Der erste Laden existiert nicht mehr, deshalb ist hier als Adresse die HEMA-Filiale auf der Westseite der Centraal Station angegeben. Hier kann man gut einen ersten Eindruck bekommen und sich günstig mit all den Sachen versorgen, die man auf Reisen gerne vergisst oder verliert.

Adresse Stationsplein 45a, 1012 AB Amsterdam (Centrum) | **ÖPNV** Centraal Station | **Google-Maps-Code** 9WH2+VF Amsterdam, Niederlande | **Netz** hema.nl | **Tipp** Die größte Handelskette Hollands ist immer noch Albert Heijn. Der Laden an der Prins Hendrikkade 20 liegt gegenüber dem Bahnhof, ist günstiger als die Geschäfte in der Centraal Station (IJ Passage) und eignet sich für Einkäufe kurz vor der Abreise. Allerdings ist an den Kassen am Ausgang zum Bahnhof keine Barzahlung möglich.

49 Der Herepoort

Hin und Her um ein Hauptstadttor

Der Herepoort war ganz früher mal ein Stadttor von Groningen. Die ersten Versionen gab es vermutlich schon im 11. Jahrhundert. Dann wurde mindestens jedes zweite Jahrhundert eine neue Variante errichtet, bis dann 1878 etwas Unerhörtes geschah: Das Stadttor wurde abgebaut. Aber damit nicht genug. 1885 wurde der Torbogen im Amsterdamer Museumsquartier wieder aufgebaut. Dort steht er noch heute.

Je länger der Herepoort weg war, desto mehr wuchs er den Groningern ans Herz. Erst war er einfach ein Stadttor, an das sich viele Erinnerungen knüpften, aber im Laufe der Jahre wuchs die Überzeugung, dass der Herepoort für Groningen mindestens genau so wichtig ist wie der Arc de Triomphe für Paris. Und von daher sei es ein absoluter Frevel, dass dieses ikonische Bauwerk sich in Amsterdam befindet und nicht an seinem angestammten Platz in Groningen.

Bald formten sich Initiativen, die forderten, dass Amsterdam sich endlich ehrlich mache und die Raubkunst an ihren angestammten Besitzer zurückgäbe.

Worauf Amsterdam antwortete: Im Grunde gern, aber leider ist der Herepoort inzwischen zu morsch. Baute man ihn ab, dann würde er in sich zusammenfallen. Und das könnte doch auch in Groningen niemand wollen.

Doch die Groninger ließen sich damit nicht abspeisen. Also musste man sich in Amsterdam eine neue Ausrede ausdenken. Nun lautete die Begründung: Ja, klar das Stadttor gehörte ursprünglich Groningen, aber was ist mit dem Balkon, den Amsterdam angebaut hat? Die Groninger wollten sich doch nicht etwa desselben Verbrechens schuldig machen, das sie den Amsterdamern vorwerfen?

Doch die Groninger hörten nicht auf zu nerven. Die Amsterdamer gaben nicht nach. Um neue Ausreden waren sie nicht verlegen. Die letzte war, dass der Herepoort vom berühmten Architekten Cuypers nach Amsterdam gebracht wurde. Der wird sich schon was dabei gedacht haben.

Adresse Museumstraat 1, 1071 XX Amsterdam (Zuid) | ÖPNV Tram 2, 5, 12, Haltestelle Museumplein | Google-Maps-Code 9V5P+X3 Amsterdam, Niederlande | Tipp Gleich hinter dem Herepoort befindet sich eine kleine Gemäldegalerie namens Rijksmuseum (Museumstraat 1, 1071 XX Amsterdam), die dem Kunstfreund die eine oder andere Augenweide zu bieten hat.

50 Hermanusje van alles

Der Kramladen für alle

Man könnte versucht sein, es sich einfach zu machen und zu sagen: Hermanusje van alles ist das Gegenteil von HEMA (siehe Ort 48). Lesen Sie einfach den Text zu HEMA noch mal und drehen alles ins Gegenteil. Aber das wäre dann doch zu simpel und würde am Ende vermutlich mehr Verwirrung stiften, als zur Aufklärung beitragen.

Also: Hermanusje van alles ist im Grunde eine Drogerie. Und mit der begann es, als der Chef von seinem Vorgänger den Laden übernahm. Zum Vorgängerbetrieb gehörten aber mehrere Filialen und auch ein Lagerhaus. In dem Lagerhaus fand sich noch jede Menge alter Krempel. Wobei der Chef befand, der sei zu schade zum Wegwerfen, also stellte er die schönsten Verpackungen erst ins Schaufenster, dann machte er eine Abteilung des Ladens als Museum frei. Das kam bei den Kunden gut an, die nun ihrerseits Exponate beisteuerten, was dann wieder bei den Medien gut ankam, die darüber berichteten, was dann dazu führte, dass immer neue Leute mit Exponaten ankamen. Aber nicht falsch verstehen. Das heißt nicht, dass hier jeder seinen alten Kram abladen soll. Es müssen schon schöne oder zumindest besonders seltene Exemplare sein. Zu den Ausstellungsstücken im Hermanusje van alles gehört auch eine ziemlich große Auswahl von »Gapers«. Das sind modellierte Männerköpfe (so gut wie immer), die sich nur in den niederländisch sprechenden Gegenden der Benelux-Länder an diversen Häusern und Zäunen finden. Die kleinen Männer haben alle eines gemeinsam: Sie reißen den Mund weit auf, als wollten sie gerade für Edvard Munchs »Der Schrei« Modell sitzen.

Eine weitere Attraktion von Hermanusje van alles sind die Rätsel. Wobei es eher darum geht, mit Hilfe der im Schaufenster ausgestellten Gegenstände die Bedeutung eines Wortes zu entziffern. Im Gründungsjahr begann man damit, alle zwei Wochen ein Rätsel im Schaufenster zu präsentieren. Auch das kam ziemlich gut an und sorgte für ein großes Medienecho.

Adresse Westerstraat 138, 1015 MP Amsterdam (Centrum) | **ÖPNV** Tram 5, Haltestelle Marnixplein | **Google-Maps-Code** 9VHM+92 Amsterdam, Niederlande | **Netz** hermanusjevanalles.nl | **Tipp** Der Eisenwarenhandel Burger im Norden (Meeuwenlaan 312, 1022 AK Amsterdam) ist ein Betrieb mit hundertjähriger Tradition.

51 Das Hirschgebouw

Nicht fürn Apple und 'n Ei

Das Hirschgebouw mit seiner großen Kuppel ist das auffälligste Gebäude an der Südseite des Leidseplein. Hier hatte von 1912 bis 1976 das Modehaus Hirsch seinen Sitz. Dann wurde das Gemäuer behutsam restauriert, bis im 21. Jahrhunderts die Lifestyle Firma Apple hier ihren Flagship-Store errichtete. Dabei wurden im Innern des Gebäudes einige rigorose Veränderungen vorgenommen. Das rief den Denkmalschutz auf den Plan, aber dessen Einwände verhallten ungehört. Stolz und Schmuck des Hirschhauses waren die Kronleuchter unter der Kuppel, doch die mussten raus. Immerhin drei hängen heute noch in der gegenüberliegenden Stadsschouwburg. Das Hirschgebouw ist ein »Rijksmonument«, was man am besten mit Nationaldenkmal übersetzen kann. Allerdings ist hierzulande diese Bezeichnung eher für Bauwerke wie die Siegessäule in Berlin oder die Bavaria in München vorgesehen.

Im Februar 2022 fand hier eine der spektakulärsten Geiselnahmen in der Geschichte des Landes statt. Ein Mann, bewaffnet mit Handfeuerwaffen und offenbar angetan mit einem Sprengstoffgürtel, drang in das Geschäft ein, wo er zwar nur eine Geisel nahm, aber sich Dutzende versteckten und Angst und Schrecken durchlebten. Der Gangster verlangte als Lösegeld Bitcoins im Wert von Millionen, darüber hinaus forderte er, dass Tim Cook mal endlich wieder mit einer echten Innovation herauskommen sollte, anstatt jedes Jahr einen neuen Stecker zu präsentieren, für den die Apple-Afficionados dann wieder überteuerte Adapter kaufen mussten. (Es besteht durchaus die Möglichkeit, dass nicht alle Forderungen des Verbrechers korrekt übermittelt wurden.)

Nach einer Weile gelang es der Geisel, sich selbst zu befreien. Als der Geiselnehmer versuchte zu fliehen, wurde er von einem Polizeiauto angefahren. Einige Tage später verstarb der Täter im Krankenhaus. Wie zu diesen Zeiten üblich, gab es schon 2024 bei einem Streamingdienst eine Serie zu sehen, die die ganze Sache noch einmal aufrollte.

Adresse Leidseplein 29, 1017 PS Amsterdam (Centrum) | ÖPNV Tram 1, 2, 5, Haltestelle Leidseplein | Google-Maps-Code 9V7J+9W Amsterdam, Niederlande | Tipp In dem Geschäft Amac an der Centraal Station (Prins Hendrikkade 26, 1012 TM Amsterdam) gibt es ebenfalls Rat und Tat für Jünger der Marke Apple.

52 Hochzeit für einen Tag

Probelauf in Weiß

Las Vegas ist eine Vergnügungsmetropole – mit einschlägigen Angeboten in die horizontale Richtung –, aber auch bei Brautpaaren beliebt. So mancher berühmte Bund fürs Leben wurde hier geschlossen – und nicht selten wenige Tage später wieder annulliert. Der Spruch »Was sich in Vegas zuträgt, bleibt in Vegas« hat eben doch mehr Bedeutungen, als man auf den ersten Blick ahnt.

Was den ersten Themenkreis betrifft, hat Amsterdam ebenso einen Ruf. Aber auch im zweiten Punkt holt Amsterdam auf. Seit einigen Jahren ist hier eine Blitzheirat möglich; und was gegenüber Las Vegas ein unbestreitbarer Vorteil ist: Hier wissen alle Beteiligten von Anfang an, dass es nicht ernst gemeint ist. Von der (beeindruckenden) Zeremonie bleibt nicht viel mehr als ein Foto, welches man sich an den Kühlschrank pinnen kann, aber wie die Veranstalter erklären: »Auch wenn die Ehe keinen Bestand hat, können die Gefühle doch bleiben.« (Im wahren Leben ist es ja häufiger umgekehrt.)

Die Hochzeit für einen Tag findet in einer richtigen Kirche – wie der Posthoornkerk – statt. Dafür gibt es ein Hochzeitskleid im Sissi-Stil, Schleier, jede Menge Plastikblumen und Ringe, Musik und einen roten Teppich. Die Kleider sollen in allen gängigen Größen zur Verfügung stehen, für die Herren werden Anzüge und Zylinder vorrätig gehalten. Selbstverständlich gibt es Reis. Auf Wunsch wird die Zeremonie auch auf Englisch gehalten.

Die Idee entstand im Umfeld des Königinnentages, war anfangs eher ein Scherz, aber als sie um den Valentinstag herum wiederbelebt wurde, gewann sie rasch an Popularität. Und man sollte nicht von vornherein davon ausgehen, dass man sich hier über die schicksalsschwere Institution der Ehe lustig macht. Es kam gar nicht so selten vor, dass aus einem von allen Beteiligten mit Kichern gestarteten Ritual am Ende sogar richtiger Ernst wurde. Die Nachfrage lässt jedenfalls nicht nach. Insgesamt besteht das Unternehmen seit zehn Jahren. So lange halten manche Ehen nicht.

Adresse Eerste van der Helststraat 15, 1073 AB Amsterdam (Zuid/De Pijp) | ÖPNV Tram 16, 24, Haltestelle Albert Cuypstraat | Google-Maps-Code 9V4V+J4 Amsterdam, Niederlande | Netz wed-and-walk.com | Tipp Wenn es dann ernst wird: das Brautmodenatelier Atelier Amsterdam (Robert Kochplantsoen 19, 1097 GG Amsterdam).

53 Huis met de kabouters

Zwei Kobolde und ein Ball

Kabouter kann mit Gnom, Zwerg oder auch Heinzelmännchen übersetzt werden. Die Kobolde an diesem Haus sind etwa 1,50 Meter groß. Sie sind wie die Schnitzereien auf den Dachfirsten aus Holz. Eigentlich machen sie den lieben langen Tag nichts anderes, als vor den Schnitzereien auf einem Geländer zu sitzen und sich einen roten Ball zuzuwerfen. Dabei tragen sie grüne Kittel und rote Kappen.

Wenn zwei Zwerge auf einem Dach sitzen, machen sie das natürlich nicht einfach so, sondern sie haben gefälligst auch etwas zu symbolisieren. Aber wie das mit Symbolen so ist, da können Interpretationen auch weit auseinandergehen. Eine Legende besagt, dass die beiden Kobolde für zwei Bauherren stehen, die sich beim Bau – na logo – die Bälle zuwarfen. Es gibt aber auch noch andere. So sollen die beiden eine Anspielung auf den die Stadt prägenden Architekten Cuypers sein, andere sagen, der Grund sei gewesen, dass der Name einer der Finanziers auf Niederländisch wie Ballwerfer klingt. Das ist eben das Elend mit Symbolen. Erst wirkt alles super-tiefsinnig, aber am Ende blickt kaum jemand noch durch.

Als das Kabouter-Haus errichtet wurde, gab es noch nicht allzu viele bürgerliche Häuser in der Gegend. Wenn man von den Kobolden absieht, unterscheidet es sich nicht so stark von den Nachbarhäusern, aber eine Besonderheit gibt es dann doch.

Das Gebäude wurde 1884 errichtet. Das war ein Schaltjahr. Und seit Beginn gibt es die Tradition, dass in einem Schaltjahr der rote Ball aus der Hand des einen Kobolds in die Hand des anderen wechselt. Allerdings hat noch nie jemand gesehen, wie dieser Wechsel sich vollzieht. Einige sagen, er würde regelmäßig am 29. Februar stattfinden, andere zu Silvester. Und wieder andere scheinen zu hoffen, dass es genau an dem Tag passiert, an dem sie vor dem Bau stehen und nach oben starren. Weshalb man fast immer eine Traube Menschen vor dem Haus versammelt sieht.

Adresse Ceintuurbaan 251–255, 1074 CZ Amsterdam (Zuid) | ÖPNV Tram 4, Haltestelle Ceintuurbaan | Google-Maps-Code 9W43+9P Amsterdam, Niederlande | Tipp Am Waterlooplein gibt es ein weiteres bemerkenswertes Kunstwerk. Es zeigt einen halb im Boden versunkenen Violinisten (Amstel 3, 1001 RH Amsterdam).

54_Jimmy Woo

Ein Chinese ohne Kontrabass

Sich selbst stil- und szenegerecht zu inszenieren ist eine Kunst, die in Holland im Allgemeinen und in Amsterdam im Besonderen gepflegt und geschätzt wird. In der Regel versucht man, sich als harmloser, nach einer betulichen Idylle strebender Mitbürger zu inszenieren.

Dabei sind die Egos und Eitelkeiten hier genauso ausgeprägt wie anderswo auch, was man unter anderem daran erkennt, dass Holländer ihren Mitbürgern fortlaufend versichern müssen, dass sich ihr wie auch immer gearteter Erfolg auf keinen Fall verändert hat. Wobei Erfolg relativ zu sehen ist. Es gab zum Beispiel einige Holländer, deren Gastspiel in Deutschland nur eine Episode war, die aber dennoch in heimischen Medien von ihren gigantischen Triumphen im Nachbarland berichteten (und natürlich davon, wie normal sie trotz all dieser Errungenschaften geblieben sind).

Neben all dieser so demonstrativ vorgetragenen Nüchternheit und Bescheidenheit gibt es aber auch ein großes Bedürfnis nach Glamour. Und wie dieses Bedürfnis sehr gut befriedigt werden kann, zeigte vor einigen Jahren der Entertainment-Unternehmer Casper Reinders. Der Mann stammt eigentlich aus dem nahe gelegenen Amersfoort, aber er hatte schon immer eine Schwäche für chinesische Antiquitäten. Nach dem Ableben der Kultclubs RoXY und iT kam ihm ein Gedanke, wie diese Lücke zu füllen sei.

Extensives Rumgoogeln führte zu der Erkenntnis, dass es unter 1,3 Milliarden Chinesen wohl tatsächlich niemanden gibt, der auf den Namen Jimmy Woo hört. Also wurde eine solche Kunstfigur erfunden und das Gerücht gestreut, besagter Jimmy Woo wolle in Amsterdam einen Club gründen.

Die Strategie ging voll auf, die Medien rissen sich um ein Interview mit dem geheimnisvollen Gründer, und seit der Eröffnung 2003 gehört das Jimmy Woo zu den angesagten Adressen der Stadt. Seit einigen Jahren versuchen Reinders Nachfolger das Niveau zu halten.

Adresse Korte Leidsedwarsstraat 18, 1017 RC Amsterdam (Centrum) | ÖPNV Tram 1, 2, 5, Haltestelle Leidseplein | Google-Maps-Code 9V7J+WW Amsterdam, Niederlande | Netz jimmywoo.com | Tipp Ein weiterer Name mit Tradition in der Clubszene ist das Escape (Rembrandtplein 11, 1017 CT Amsterdam).

55 Johan Cruyffs Geburtshaus

Die Wiege des Weltfußballs

Das Betondorp (auf Deutsch: Marmorhausen, nee Quatsch, natürlich: Betondorf) ist ein Stadtteil im Osten Amsterdams. Der offizielle Name lautet Tuindorp Watergraafsmeer. Der Stadtteil entstand in den 20er Jahren des letzten Jahrhunderts, und wie der Name – welchen ihm der Amsterdamer Volksmund bald gab – vermuten lässt, handelt es sich um eine der Vorformen der Plattenbausiedlungen.

Offizieller Grund für diesen Baustil war damals, dass man mal ausprobieren wollte, ob man beim Hausbau ohne den sonst in der Stadt weit verbreiteten roten Backstein auskommen kann, aber es hat bei der Entscheidung sicherlich auch geholfen, dass die Ziegelsteine damals sehr teuer waren. Das alles wäre gar nicht weiter der Rede wert, wenn hier in dieser Gegend nicht am 25. April 1947 Hendrik Johannes Cruyff zur Welt gekommen wäre – seinen Zeitgenossen und Bewunderern besser bekannt als König Johan oder der langhaarige Schlacks, der ohne Schienbeinschoner spielte und sich nie die Stutzen hochgezogen hat. Sein Vater hatte damals einen Gemüseladen. Verglichen mit anderen Fußballgrößen wie Pelé, Maradona oder Beckenbauer hat Cruyff nicht halb so viele Trophäen eingesackt; schließlich ist er Holländer, und da hat man qua Geburt ein Vize-Abonnement, aber er gilt dennoch als der Erfinder des modernen Fußballs. »Voetbal totaal« hieß diese Spielart bei der WM 1974 in Deutschland. Im Wesentlichen ging es dabei darum, den Gegner bereits anzugreifen, wenn er noch nicht mal die Kabine verlassen hat, und ihn dann schwindlig zu spielen. Cruyff nahm diese Philosophie mit nach Barcelona, wo sie verfeinert und Ideal vieler wurde. Bis zu seinem Tode 2016 war Johan Cruyff das strenge Fußballgewissen der Nation. Als die Todesnachricht eintraf, wurde die Begegnung der Rotterdamer Clubs Feyenoord und Sparta in Erinnerung an seine Rückennummer in der 14. Minute unterbrochen.

Adresse Akkerstraat 32, 1097 XN Amsterdam (Oost) | **ÖPNV** Tram 19, Haltestelle Brinkstraat | **Google-Maps-Code** 8WQV+WX Amsterdam, Niederlande | **Tipp** Der Cruyff Court (Onderlangs 21–22, 1097 ZJ Amsterdam). Hier machte der Meister seine ersten Schritte und Tritte.

56 Der Johnny Jordaanplein

Im tiefsten Herzen von Amsterdam

Der Jordaan ist ein altes Amsterdamer Viertel, manche sagen auch, es ist das berühmteste. Die Bezeichnung Jordaan soll vom französischen »Jardin« (also Garten) kommen, aber ganz sicher ist das auch nicht. Der berühmteste Bewohner vom Jordaan – wen kann das jetzt noch überraschen – war Rembrandt. Das Viertel liegt zwischen den Grachten Prinsen-, Lijnbaans-, Brouwers- und Leidsegracht. Im 19. Jahrhundert war der Jordaan der Amsterdamer Stadtteil mit der größten Bevölkerungsdichte und Armut. Immer wieder gab es Aufstände und Tote.

Aber Gentrifizierung blieb auch im Jordaan kein Fremdwort. Das Viertel ist schwer angesagt; in knapp 13.000 Wohnungen leben derzeit etwa 20.000 Menschen – von Überbelegung kann also keine Rede mehr sein. Aber der Ruf des Jordaan lebt immer noch weiter. Die beengten Wohnverhältnisse und vielen Kämpfe hatten in dem Viertel eine Kultur entstehen lassen, die sich auch in eigenen Liedern zum Ausdruck brachte.

Einer der bekanntesten Sänger aus der Gegend war Johnny Jordaan. Er begann in den 50er Jahren des letzten Jahrhunderts als singender Kellner im Café De Kuil und wurde in den 60er Jahren entdeckt. Typischerweise enthalten Jordaan-Lieder viel Akkordeon und an den italienischen Belcanto erinnerndes Geknödel. Meist mäßiges Tempo, wo der Jazzbesen sacht über das Fell der Schlagzeugtrommel zischt und man vor seinem geistigen Auge menschenleere morgendliche Straßen sieht, deren Kopfsteinpflaster ein einsamer Straßenfeger mit seinem Reisigbesen kehrt.

Johnny Jordaan verdiente und verlor viel Geld, hatte Steuerschulden, ging in die Fremde, kehrte zurück und verstarb nach einer Gehirnblutung 1989 mit 65 Jahren. In der Fremde galt seine Musik nicht viel, aber in der Heimat ist er bis heute ein Idol. Weshalb man ihm in dem Bezirk, aus dem er kam, einen Platz gewidmet hat, der wie eine Mischung aus Denkmal und Schrein wirkt.

Adresse Prinsengracht 1016, 1016 HN Amsterdam (Centrum) | **ÖPNV** Tram 5, 7, 17, 19, Haltestelle Elandsgracht | **Google-Maps-Code** 9VCJ+3W Amsterdam, Niederlande | **Tipp** Legendär und, wie manche sagen, auch das älteste Café im Revier ist das Café Chris (Bloemstraat 42, 1015 TB Amsterdam).

57 Das Keith Haring Mural

Wandbild im Wandel der Zeit

Seit 1986 erstrahlt an den Außenmauern des Kühlturms der ehemaligen Zentralen Markthalle von Amsterdam ein echter Keith Haring. Wie bei dem amerikanischen Popartisten üblich, weiß kein Mensch, was das Bild darstellt, aber dass das Werk von Keith Haring stammt, ist unübersehbar.

Als das Gemälde öffentlich sichtbar wurde, schrieb die Volkskrant im April 1986 von einem Drachen aus der Spraydose. Andere sprechen von einem Fabeltier mit Fischschwanz, dass von einem Mann geritten wird, alles versehen mit den üblichen Klammern, die man auch aus Comics kennt und die dem Gezeichneten Dynamik verleihen. Man könnte sagen, das Männeken trägt ein X auf der Brust, aber da wir uns in Amsterdam befinden, sollte es schon ein Andreaskreuz sein, nicht zuletzt, weil die Signatur des Künstlers ebenfalls mit drei Andreaskreuzen versehen ist. Das Kunstwerk misst 12 mal 15 Meter und ist in Europa das größte Haring-Werk im öffentlichen Raum. Die Signatur KH86 ist gut zu erkennen, allerdings hat er sie später lieber durch seine reguläre Unterschrift ersetzt. Auf Grund ihres Stils wurden Harings Arbeiten sowieso gerne kopiert, da musste er es den Plagiatoren nicht noch einfacher als nötig machen.

Warum das Kunstwerk entstand, ist schnell erklärt. Der Kühlturm der Markthalle diente auch als Lagerraum des Stedelijk Museum und die wollten gerne eine Verzierung haben. Allerdings hatten sie nicht lange Freude daran.

Da im Lagerhaus Feuchtigkeit einzog, musste das Gemäuer mit Aluminium ummantelt werden, was den Blick verstellte. Erst seit 2018 ist es wieder frei sichtbar.

Aus der Markthalle wurde in den Jahren dazwischen das Foodcenter, das wurde geschlossen, worauf weitere Projekte für das Gelände folgten, die aber alle noch nicht umgesetzt wurden. Weshalb man das Kunstwerk auch heute noch am besten von einem Parkplatz an der Willem Zwijgerlaan (Höhe Karel Dormanstraat) einsehen kann.

Adresse Jan van Galenstraat 4, 1051 KL Amsterdam (West) | ÖPNV Tram 3, Haltestelle Hugo de Grootplein | Google-Maps-Code 9VJ7+5R Amsterdam, Niederlande | Tipp Wenn wir schon vor dem Lagerhaus stehen, könnten wir ja durchaus auch einen Besuch im Stedeljk Museum (Museumplein 10, 1071 DJ Amsterdam) wagen.

58 Der Knopenwinkel

Spitz auf Knopf

Wie zu vermuten, gibt es im Knopenwinkel vor allem: Knöpfe. Knöpfe. Knöpfe. Große Knöpfe, kleine Knöpfe. Vergoldete Knöpfe, versilberte Knöpfe, Perlmutt-Knöpfe. Knöpfe aus Horn. Knöpfe aus dem Holz der Kokosnuss. Knöpfe mit Geheimfächern. Knöpfe von Matrosen mit maritimen Motiven. Knöpfe mit eingebautem Kompass. Die waren für Piloten gedacht, die aus ihren Maschinen im Zweiten Weltkrieg abspringen und sich in der Fremde zurechtfinden mussten.

Nun stellt sich die Frage, wer kauft all die Knöpfe? Zum einen naheliegenderweise Leute, die Modedesign studieren und nach Anregungen suchen. Dann auch solche, die gerne ihrer Kleidung eine individuelle Note geben wollen – und das geht manchmal am einfachsten, wenn die Knöpfe ausgetauscht werden. Aber auch Amsterdam-Besucher, die kein 08/15-Souvenir aus der Stadt mit nach Hause nehmen wollen. Außerdem scheint es eine weltweite Gemeinde von Knopfliebhabern zu geben. In den Niederlanden gibt es die Dutch Antique Button Society, ähnliche Organisationen gibt es in den Vereinigten Staaten oder Australien, und all diese Vereine schicken Abgesandte, die mindesten einmal jährlich vorbeikommen, neue Funde präsentieren und in Katalogen stöbern.

Weiterhin stellt sich die Frage: Wer bertreibt so einen Laden? Thea de Boer steht schon seit vier Jahrzehnten an der Kasse. Zuvor stromerte sie in der Welt herum, doch nach diversen Schicksalsschlägen beschloss sie, in ihre Heimatstadt zurückzukehren und dort ein Geschäft zu eröffnen. Eigentlich sollte es ein Laden für Reizwäsche werden, aber da glaubte die Bank nicht dran, und so wurden es Knöpfe, die die Besitzerin sowieso schon immer interessiert haben.

Thea de Boer kann viele Geschichten über Knöpfe erzählen, aber diese Möglichkeit sollte man nicht missbrauchen. Wer sich stundenlang mit Knopf-Geschichten abfüllen lässt und dann einen einzelnen Knopf für 35 Cent erwirbt, hat das Konzept nicht verstanden. Der Knopfladen ist kein Museum, sondern ein reguläres Geschäft.

Adresse Herengracht 383–389, 1016 BC Amsterdam (Centrum) | **ÖPNV** Tram 2, 12, Haltestelle Koningsplein | **Google-Maps-Code** 9V9P+9R Amsterdam, Niederlande | **Netz** knopenwinkel.net | **Tipp** Die Droomfabriek De Groot & De Jong (Nieuwe Spiegelstraat 9-B, 1017 DB Amsterdam) ist ein Antiquitätengeschäft der besonderen Art.

59 Das Lieverdje

Publicity und Provokation der Provos

Ursprünglich war die kleine Statue eines Amsterdamer Straßenjungen nicht viel mehr als eine PR-Aktion eines Zigarettenfabrikanten. Aber dann wurde der zierliche Kerl Gegenstand eines Kulturkampfes, der einen Gutteil der Agenda der 1960er Jahre bestimmte.

Das Denkmal namens Lieverdje wurde am 2. Mai 1959 enthüllt. Ein Bildhauer namens Carel Kneulman hatte es geschaffen, ein Zigarettenfabrikant namens Hunter hatte es bezahlt, und fürs Erste schienen alle glücklich und zufrieden. Der Künstler, weil er einen Auftrag erhalten hatte. Der Mäzen, weil er subtil Publicity für sich machen konnte, und die Stadt, die sich in dem kleinen Rotzbengel, der zwar ein großes Mundwerk, aber dennoch das Herz auf dem rechten Fleck hatte, nur zu gern wiedererkannte.

Dann trat Robert Jasper Grootveld auf den Plan. Grootveld bezeichnete sich als Anti-Rauch-Magier und startete einen Ein-Mann-Feldzug gegen die Zigarettenindustrie. Er beschmierte Tabakreklame mit einem K (für Krebs) und bewarf die Lieverdje-Skulptur mit Korinthen.

Seine Aktionen wurden von den Provos – dem niederländischen Gegenstück der hiesigen rebellischen Studenten von 1968 – begeistert aufgenommen und verfeinert. Einige Jahrzehnte später hätte er für Aktionen wie diese wahrscheinlich von der EU einen Orden bekommen, aber damals reagierte die Polizei humorlos. Sie fühlte sich provoziert und griff durch, worauf sich die Provos ebenfalls provoziert fühlten und die Staatsmacht aufs Neue reizten. Bis schließlich auf dem Platz der Oranje-Freistaat ausgerufen wurde.

Der Freistaat ist längst vergessen, Grootveld vor einigen Jahren gestorben. Immer wieder mal wird das Lieverdje gestürzt. Ohne jeden Hintergedanken. Aber immerhin gab es so Meldungen, mit denen das Sommerloch gefüllt werden konnte. Meist war ein Lieferwagen versehentlich gegen das Kunstwerk gefahren. Kurz darauf stand das Lieverdje regelmäßig wieder auf seinem Platz.

Adresse Spui, 1012 WX Amsterdam (Centrum) | ÖPNV Tram 2, 12, Haltestelle Koningsplein | Google-Maps-Code 9V9Q+GJ Amsterdam, Niederlande | Tipp Auf dem Pflaster der Marnixstraat, zwischen den Bars Lux und Kamer 401, befindet sich ein steinerner Marienkäfer. Er wurde hier und an anderen Stellen ins Pflaster gesetzt, wo Menschen Opfer sinnloser Gewalt wurden.

60 Mahara

Whole Lotta Holistic

Mahara begann als holistischer Friseur. Diesen Begriff muss man vielleicht erklären. Also stellen wir uns einfach mal ganz dumm und fragen: Was ist ein Friseur? Oberflächlich betrachtet widmet sich ein Friseur der Haarpflege. Aber – sowohl bei Männern als auch bei Frauen – es geht um viel mehr als nur einen Haarschnitt. Ein Besuch beim Friseur kann vieles beinhalten: Kummerkasten, Sorgentelefon, Therapiesitzung und am Ende vielleicht ein bisschen Zeit, die man für sich selbst hat.

Friseur hätten wir also damit geklärt. Holistik müssen wir nicht weiter erklären. Da weiß sowieso jeder, was das ist. Kommen wir also jetzt …

Hey! Also ganz so einfach geht es ja nun auch nicht. Wenn Sie keine Ahnung haben, was Holistik ist, können Sie es auch einfach zugeben, dass Sie keine Ahnung haben. Und schwadronieren Sie nicht über Friseure. Was die machen, weiß doch jeder.

Hmpf. Ich weiß immerhin so viel, dass Holistik für eine ganzheitliche Form der Weltwahrnehmung steht und dass es bei Michelle van Koeverden – der Chefin von Mahara – um viel mehr geht als um Haarschnitte. Und so hat sie mittlerweile nicht nur den Salon in Amsterdam (der nicht einfach nur als Geschäft, sondern als Urban Temple fungiert), sondern in ihrer Heimatregion Zutphen auch ein ganzes Retreat aufgebaut.

Wen das alles nicht interessiert, der kann sich ja anderen Dingen widmen. Wer will, kann es ja einfach mal ausprobieren. 2019 unterzog sich ein Reporter der Lokalzeitung »Het Parool« – die sich definitiv als die führende kritische und progressive Stimme der Stadt sieht – eines Haarschnittes. Und am Ende hatte er das Gefühl, dass mit den abgeschnittenen Strähnen auch seine Alltagssorgen verschwunden waren. Und im Laufe der Jahre ist das Mahara auch viel mehr als ein Friseur geworden, eher eine eigene Welt, in die man eintauchen und den Alltag vergessen kann.

Adresse De Clercqstraat 123HS, 1053 AK Amsterdam (West) | ÖPNV Tram 13, 19, Haltestelle Bilderdijkstraat/Clerqstraat | Google-Maps-Code 9V98+W7 Amsterdam, Niederlande | Netz mahara.love | Tipp Im Spa & Gym im Akasha (Paulus Potterstraat 50, 1071 DB Amsterdam) geht's holistisch ins Bad.

61 Mail & Female

Nur für Frauen

Auch wenn das zunächst überraschend klingt: Erotik-Versandhäuser wie Beate Uhse und Co. gab es in Holland lange nicht. Und so dauerte es auch bis 1988, bis der erste Erotikversand für Frauen gegründet wurde: Mail & Female. Die Idee kam den Macherinnen bei einem Besuch im Sexshop im Rotlichtviertel. Sie waren an dem Thema interessiert, es war auch durchaus nicht so, dass sie alle Exponate in dem Geschäft abstoßend fanden. Was ihnen allerdings überhaupt nicht zusagte, war die Atmosphäre, und was ihnen fehlte, war Kompetenz. Also was anderes als das Potenz-Geprotze, welches sich üblicherweise auf den Verpackungen fand. Die M&F-Gründerinnen hätten gern einen Laden gehabt, in dem man sich wohlfühlt und wo es statt blöder Sprüche gute Ratschläge und – kein Wortspiel beabsichtigt – auch Erfahrungsberichte aus erster – und eigener – Hand gibt.

Und da so ein Geschäft auch im weltoffenen Amsterdam noch nicht bestand, beschlossen sie, selbst so ein Unternehmen aufzubauen. Der Versand wurde schnell zu einem Erfolg. Die Reaktionen der Kundinnen waren überwältigend. Offenbar hatten die Betreiberinnen eine Marktlücke entdeckt. Erotisches Equipment für Frauen, präsentiert auf eine Art und Weise, die Frauen anspricht.

Die veränderte Präsentation hatte auch Folgen für das Sortiment. Schon bald fanden sich eigene Produkte im Katalog, und bei fremden wurde Einfluss auf Material und Formgebung genommen. Was auch nicht überraschend ist. Ein Sexspielzeug, was nur mal zehn Minuten helfen soll (bei manchen geht es auch noch schneller), eine Männerphantasie zu verwirklichen, muss anderen Ansprüchen genügen als eines, mit dem sich eine Frau wohlfühlen und auch noch Spaß haben will. Im Laufe der Zeit ist das Sortiment von Mail & Female gewagter geworden. Denn für die Macherinnen der Marke stehen vor allem zwei Dinge im Mittelpunkt: Bedürfnisse befriedigen und neugierig bleiben.

Adresse Nieuwe Vijzelstraat 2, 1017 HT Amsterdam (Centrum) | **ÖPNV** M52, Haltestelle Vijzelgracht | **Google-Maps-Code** 9V5R+W6 Amsterdam, Niederlande | **Netz** mailfemale.com | **Tipp** Im weiteren Sinne thematisch verwandt: Drake's Lingerie Boutique, Damrak 61.

62 Das ’t Mandje

Ein Frauenruheraum

Holland gilt im Allgemeinen – und Amsterdam im Besonderen – schon lange als Hort der (sexuellen) Toleranz. Nun haben Klischees – egal, ob gut oder schlecht – oft einen wahren Kern, überzeichnen aber gern. In Amsterdam gibt es wie anderswo auch Übergriffe auf (sexuelle) Minderheiten, aber das ändert nichts daran, dass die Stadt zu den toleranteren dieser Welt gehört. Aber auch diese Tugend musste erkämpft werden.

Bet van Beeren war ein Amsterdamer Original. Sie wurde kurz nach dem Beginn des 20. Jahrhunderts im Jordaan geboren, zu einer Zeit, als der Bezirk noch als die reinste Essenz der Amsterdamer Lebensart galt. 1927 eröffnete sie, gerade 25 Jahre alt, das Café ’t Mandje am Zeedijk. Die Gegend war damals berüchtigt, aber Bet hatte kaum Mühe, sich zu behaupten. Sie trank Schnaps wie Wasser, fluchte, fuhr in schwerer Ledermontur auf einem Motorrad durch die Gegend. Dass sie aus ihrem Lesbischsein kein Geheimnis machte, dürfte spätestens jetzt kaum noch jemanden verwundern. Während der deutschen Besatzung betrieb sie ihr Geschäft weiter, bot aber auch verfolgten Juden Unterschlupf. Nach dem Krieg war das Mandje das erste Café, welches sich auch Homosexuellen gastfreundlich zeigte. Damit war ein Bann gebrochen, denn bis dahin gab es nur geschlossene Clubs, die genauso verschwiegen betrieben wurden wie die geheimen katholischen Kirchen nach der Abspaltung der Niederlande von Spanien.

In Amsterdam gilt Bet van Beeren noch heute als ein Lokalidol, die große gesellschaftliche Anerkennung blieb ihr aber versagt. Als die spätere Königin Beatrix 1965 demonstrativ dem Rotlichtviertel einen Besuch abstattete, wurde Bets Etablissement ignoriert. Das kränkte sie sehr. Zwei Jahre später verstarb sie – wie es sich für eine Kneipenwirtin gehört – an einem Leberleiden. Das Café ’t Mandje schloss danach seine Pforten. Seit geraumer Zeit ist es aber wieder geöffnet und wird in ihrem Sinne betrieben.

Adresse Zeedijk 63, 1012 AS Amsterdam (Centrum) | ÖPNV M 51, 53, 54, Haltestelle Nieuwmarkt | Google-Maps-Code 9WF2+W9 Amsterdam, Niederlande | Tipp Die Nur-für-Frauen Diskothek B'Femme unterm Dach des Clubs BlendXL (Reguliersdwarsstraat 48, 1017 BM Amsterdam).

63 Maria Sibylla Merian

Der Kuss der Spinnenfrau

Wem die Frau bekannt vorkommt, dem ging es früher vermutlich gut. Maria Sibylla Merian zierte den Fünfhundertmarkschein. Sie war eine ungewöhnliche Frau. Sie hatte keine Angst vor Spinnen. Während ihre Zeitgenossinnen oftmals schreiend wegrannten, holte Maria Sibylla Papier und Stift heraus. Sie war in ihren Zeichnungen sehr genau und sehr gründlich. Sie hatte auch ziemlich viel Zeit, denn ihr Mann mochte zwar Frauen, aber hatte mit seiner eigenen nicht allzu viel am Hut.

Maria Sibylla Merian wurde in Frankfurt geboren, über einen kleinen Umweg kam sie 1691 nach Amsterdam. Amsterdam hatte damals 200.000 Einwohner, war die drittgrößte Stadt der Welt und das Zentrum eines den Globus umspannenden Handelsreiches. Nach mehreren Schicksalsschlägen (kurz zuvor waren Bruder und Mutter verstorben) musste auch Frau Merian zum Einkommen ihrer Familie beitragen. Sie zeichnete mit der ihr eigenen Genauigkeit Flora und Fauna. Ihre Bücher wurden zu einem großen Erfolg, selbst Peter der Große, der damals in der Stadt weilte, erwarb einige ihrer Werke. Besonders faszinierte Maria Sibylla die Verwandlung der Raupe zum Schmetterling. Um zu sehen, welcher Falter aus welcher Larve entspringt, züchtete sie sogar Raupen. Dass sie dabei auch selbst eine Metamorphose durchmachte, war ihr möglicherweise gar nicht bewusst.

Gemeinhin wird die Vijzelstraat als ihr Amsterdamer Wohnort angegeben. Laut Ella Reitsma, die ein Buch über Maria Sibylla Merian und ihre Töchter geschrieben hat, wohnte die Künstlerin zuletzt an der Kerkstraat. Dass die Hausnummer ermittelt werden konnte, ist Harmen Snel, einem verdienstvollen Mitarbeiter des Stadtarchivs, zu verdanken. Wir vermerken dieses Detail nur, weil sich in anderen Publikationen über Amsterdam – auch jenen, die einem Reisebuchverlag entstammen, dessen Name uns jetzt leider nicht einfällt – keinerlei Hinweis auf den Wohnort findet.

Adresse Kerkstraat 115, 1017 GE Amsterdam (Centrum) | ÖPNV Tram 2, 12, Haltestelle Prinsengracht | Google-Maps-Code 9V7Q+M3 Amsterdam, Niederlande | Tipp Wer eintauchen will in die Welt der Merian: Hortus Botanicus (Botanischer Garten), Plantage Middenlaan 2A.

64 Das Max Euwe Centrum

Der Weltmeister, der aus Holland kam

Das 20. Jahrhundert war ein Zeitalter großer Schachduelle. Und in der Erinnerung vieler Menschen stellen sich die Kämpfe etwa so dar: Lauter ernste Leute versammelten sich um das Brett, und am Ende gewann immer ein Russe. Nur einmal gab es eine Ausnahme, da gewann überraschenderweise Bobby Fischer, aber dem stieg der Erfolg so sehr zu Kopfe, dass er danach durchdrehte.

Dieses Bild ist aber nicht ganz korrekt. Es gab in jenem Jahrhundert noch einen anderen Schachspieler, dem es gelang, die Phalanx der großen mattsetzenden Russen zu durchbrechen. Machgielis – kurz Max – Euwe war ein echter Amsterdamer, der schon im Alter von zehn Jahren sein erstes Schachturnier spielte. 1935 schlug seine große Stunde. Er besiegte nach hartem Kampf den flamboyanten Russen Alexander Aljechin, der bis dato als ein unschlagbares Genie galt. Zwei Jahre später musste Euwe seinen Titel zwar wieder abgeben, aber er blieb dem Schach verbunden. Unter anderem schrieb er ein Schachlehrbuch, welches sich von anderen Werken des Genres dadurch unterscheidet, dass es tatsächlich lesbar ist. Bis zu seinem Tod 1981 wirkte er als Funktionär im Weltschachverband.

Nach Euwe konnte Holland zwar keinen weiteren Weltmeister mehr stellen, aber die Niederlande haben auch danach mehrere herausragende Spieler hervorgebracht. Jan Timman war wohl der bekannteste von ihnen. Das Erbe des Weltmeisters wird im Max Euwe Centrum gepflegt. Vor dem Eingang steht ein Denkmal, welches den Meister so bescheiden zeigt, wie er zeit seines Lebens war. (Euwe ist bis heute der einzige Amateur geblieben, dem es gelang, die Weltmeisterkrone zu erringen.) Das Schachbrett daneben wurde – wegen Lärmbelästigung, kein Witz – vor einiger Zeit auf den Museumplein verlegt, aber auch dort musste es – sehr zum Missvergnügen vieler Freizeitspieler – weichen. Ob es an anderer Stelle wieder aufgestellt wird, war zum Zeitpunkt der Drucklegung nicht bekannt.

Adresse Max Euweplein 30a, 1017 MB Amsterdam (Centrum) | ÖPNV Tram 1, 2, 5, 7, 12, Haltestelle Leidseplein | Google-Maps-Code 9V7M+24 Amsterdam, Niederlande | Netz maxeuwe.nl | Tipp Das Café De Laurierboom (Laurierstraat 76, 1076 PN Amsterdam) ist bei Schachfreunden beliebt. Mit etwas Glück kann man hier auch gegen aus dem Netz bekannte Koryphäen antreten.

65 Das Moco Museum

Moderne Kunst für moderne Zeiten

Das Moco ist ein Museum für moderne Kunst. Moco ausgeschrieben steht für Modern Contemporary Museum. Das privat geführte Unternehmen hat in Europa drei Filialen, neben Amsterdam auch eine in London und eine in Barcelona. Im Amsterdamer Museumsviertel ist es ein relativ neuer Zugang. Hier wurden die Ausstellungen in der Villa Alsberg untergebracht, die für ein Museum eher klein ist, aber natürlich passt die Adresse hervorragend zu einer Galerie. Für das Publikum wurde das Museum im Frühjahr 2016 eröffnet. Von Anfang an wurde betont, dass es den Machern wichtig ist, den Leuten Kunst zu präsentieren, die nicht zu verkopft und zu grüblerisch daherkommt. Sondern eher hip und angesagt. Also Leute wie Andy Warhol, Keith Haring (siehe Ort 57) oder Jean-Michael Basquiat, die dann auch als Moco-Masters präsentiert werden.

Im März 2024 wurde in Amsterdam als Welt-Premiere eine Ausstellung mit Arbeiten des ehemaligen Take-That-Mitglieds Robbie Williams präsentiert. Was irgendwie ganz gut zu dem Konzept des Hauses passt, denn Robbie Williams ist ja auch irgendwie Contemporary Art. Die gezeigten Arbeiten standen unter dem Titel »Pride und Self-Prejudice« und da ja Robbie-Williams-Fans und Jane-Austen-Verehrer als Zielgruppe nahezu identisch sind, dürfte die Anspielung von den meisten Fans verstanden worden sein. Meister Williams hatte seine Kunstwerke auf seinem iPad skizziert und machte bei der Präsentation keinen Hehl daraus, dass er sich in seinen Arbeiten vor allem den Dämonen widmete, die ihn immer mal wieder umtrieben.

So weit so zeitgemäß. Seltsam ist nur, dass es nahezu unmöglich ist, hinter den Kulissen ein menschliches Wesen an die Strippe zu bekommen, das einem ein bisschen mehr über zukünftige Projekte erzählen kann. Es gibt eine künstliche Intelligenz, bei der man sein Anliegen vortragen kann, aber die ist dämlich. Vermutlich wird es mit der Übernahme der Menschheit durch Maschinen wohl doch noch eine Weile dauern.

Adresse Honthorststraat 20, 1071 DE Amsterdam (Zuid) | ÖPNV Tram 2, 5, 12, Haltestelle Museumplein | Google-Maps-Code 9V5J+FQ Amsterdam, Niederlande | Netz mocomuseum.com | Tipp Wenn Sie in der Gegend sind: das Van-Gogh-Museum (Museumplein 6, 1071 DJ Amsterdam) ist nicht weit.

66 Das Muizenhuis

Von Mäusen und Menschen

Ricky Gervais ist ein britischer Comedian, der für seine scharfe Zunge gefürchtet ist und kaum eine Kontroverse scheut. Bei der Verleihung der Golden Globes wurde er genau wegen dieser Fähigkeiten als Moderator engagiert. Und die ganze Welt hatte ihre Freude daran, wie Ricky den Superstars zur Abwechslung mal die Luft raus ließ. Bis heute meldet er sich gerne provokativ in den sozialen Medien zu Wort. Aber im Hause Gervais geht es auch anders.

Ricky Gervais' Langzeitfreundin seit 1984 ist auch im Netz aktiv. Sie erklärte das Muizenhuis 2023 zu ihrem Lieblingsort auf der ganzen Welt. Und selbst Ricky stimmte begeistert zu und bemerkte: »Ich habe gerade eine Maus in Holzschuhen gesehen.«

Das Muizenhuis ist gewissermaßen eine Art Mini-Disneyland für Sam und Julia, die Helden des gleichnamigen Kinderbuchs. Geschaffen wurde diese Welt von Karina Schaapman, deren Eltern es nach dem Zweiten Weltkrieg aus dem damals noch holländischen Indonesien ins Mutterland verschlug. Das, was man heute Assimilation und Integration nennt, war auch damals schon kompliziert; und das solche willkürlichen Verpflanzungen auch im familiären Umfeld ihren Tribut fordern, kann man sich gut vorstellen.

Um sich über düstere Tage in ihrer Kindheit hinwegzutrösten, erfand Karina Schaapman eine Mäusefamilie, aus der dann später die Helden ihres Kinderbuchs wurden. Um die ausgedachten Geschichten nachspielen zu können, baute Karina ihren Helden aus Resten, Pappe und anderen Versatzstücken einen Spielplatz. Mit denselben Rohstoffen ging es auch im Muizenhuis ans Werk. Karina Schaapman und ihrem Team ist es wichtig, dass bei Kindern die Phantasie angeregt wird und dass sie auch lernen, an Träumen festzuhalten, wenn die Zeiten widrig sind. Die Kinderbücher um Sam und Julia sind in ihrem Heimatland ein riesiger Erfolg, die Autorin wurde mehrfach ausgezeichnet, und nach einem anfänglichen Gastspiel in der Hauptbibliothek von Amsterdam hat das Muizenhuis nun eine eigene feste Adresse.

Adresse Muntplein 8, 1012 WR Amsterdam (Centrum) | ÖPNV Tram 24, Haltestelle Muntplein | Google-Maps-Code 9V8V+V3 Amsterdam, Niederlande | Netz themousemansion.com | Tipp Gut, das liegt jetzt nahe: Das KattenKabinet (Herengracht 497, 1017 BT Amsterdam) bietet das Kontrastprogramm.

67_Das Museum Vrolik

Eine verblüffende Erfahrung

Rembrandt ist nicht nur der berühmte Maler der »Nachtwache«, nein, er hat auch »Die Anatomie des Dr. Tulp« gemalt. Auf dem Bild sieht man den Arzt über der aufgeschnittenen Leiche eines armen Mannes, der es offenbar nicht rechtzeitig geschafft hat, in seinem Organspendeausweis das Nein anzukreuzen. Dem Doktor gegenüber hockt eine erkleckliche Schar Kommilitonen, denen es offenbar vor gar nichts graust, so interessiert, wie sie die Ausführungen und Metzeleien des Chirurgen verfolgen.

Im Römischen Reich hätte man den Mann wahrscheinlich nur aufgeschnitten, um zu erfahren, wer der nächste Kaiser wird, aber seitdem in der Renaissance der Mensch wieder das Maß aller Dinge geworden war, wollte man zunehmend genauer wissen, wie es im Inneren eines Menschen aussah.

Gerardus Vrolik war ein Nachfahre Dr. Tulps. Vrolik war Anatomieprofessor, und wenn er irgendwo einen abnormen Schädel fand, stellte er ihn bei sich zu Hause ins Regal. Sohn Willem teilte die Leidenschaft seines Vaters. Er schlug dieselbe Laufbahn ein und setzte das Hobby des Erzeugers fort. (Man würde zu gern wissen, wie die beiden aussahen. Vielleicht empfanden sie ihre Sammlerobjekte als schön und ganz normal.) Beide teilten auch eine Begeisterung für deviante Föten und Embryos, die auf nüchternen Magen nur schwer zu ertragen sind. Dabei handelt es sich bei den Exponaten beileibe nicht um ein Kuriositätenkabinett. Aufgrund modernster Molekularanalysen können auch die alten Teile heute noch der Wissenschaft dienlich sein.

Später ging die Sammlung von Vater und Sohn Vrolik in den Besitz der Amsterdamer Universität über, wo sie in einem Ambiente, welches den gesammelten Körperteilen angemessen ist, besichtigt werden kann. Wer dafür die Nerven hat, wird hier ein paar spannende Stunden verleben. Führungen nach Voranmeldung auf der Webseite.

Adresse Amsterdam UMC Location AMC (Academisch Medisch Centrum), Meibergdreef 15, 1105 AZ Amsterdam (Zuidoost/Harlemmermeer) | ÖPNV M 50, 54, Haltestelle Holendrecht | Google-Maps-Code 7XV6+M2 Amsterdam, Niederlande | Netz museumvrolik.nl | Tipp Amstel 216 steht ein Haus, welches mit roten Kritzeleien bedeckt ist. Angeblich stammen sie von dem Besitzer des Hauses im 17. Jahrhundert, und er soll sie mit seinem eigenen Blut gezeichnet haben!

68_Der NAP

Dem Wasser auf den Grund gehen

Wer über das Wetter redet, über Hochwasser, über Regenfälle, der redet, ohne es zu wissen, auch über Amsterdam. Grund ist der Normal Amsterdamse Peil, kurz NAP, der von Deutschland (genauer gesagt von Preußen) 1879 als NN (Normalnull) übernommen wurde und mit dem man seitdem angibt, wie hoch das Wasser über dem Normalstand steht beziehungsweise wie viel Regen gefallen ist.

Das 17. Jahrhundert war für Holland nicht nur das Goldene Zeitalter, sondern auch eine Epoche mit vielen Überschwemmungen. Nach einer besonders großen Sturmflut im Jahr 1675 reichte es den Amsterdamern. Sie begannen, den Wasserstand und seine Veränderungen zu messen. Die durchschnittliche Wasserhöhe, die von September 1683 bis zum September 1684 gemessen wurde, gilt seitdem als Referenzwert null. Wenn Amsterdam vor Überflutungen sicher sein wollte, dann mussten die Dämme und Deiche wenigstens »neun Fuß und fünf Daumen breit« über dem NAP 0 stehen. Damit das auch ja keiner vergisst, wurde diese Information auf Anweisung des Bürgermeisters Hudde in acht große Marmorplatten gemeißelt, die rund um das IJ an Schleusen befestigt wurden. Da sich diese weise Voraussicht mehr als einmal bewährt hat, wurden die Marmortafeln später zu Ehren des Bürgermeisters »Huddenstenen« genannt. Es dauerte, bis nach Deutschland auch andere Länder die Amsterdamer Messeinheit übernahmen, aber 1973, im Zuge der Einführung der SI-Einheiten, folgten weitere Staaten. Holland hat damit wie die Franzosen mit dem Urmeter in Paris eine kontinentweit geltende Messgröße geschaffen.

Von den »Huddenstenen« des Bürgermeisters existiert nur noch einer an der Eeenhoornsluis an der kurzen Prinsengracht. Er kann fotografiert werden, wird aber nicht mehr für Messungen genutzt. Dafür gibt es jetzt landesweit 50.000 Messpunkte. Einer befindet sich unter dem Dam, ein weiterer an dem Gebäude der Stopera am Waterlooplein.

Adresse Amstel 1, 1011 PN Amsterdam (Centrum) | **ÖPNV** M 51, 53, 54, Haltestelle Waterlooplein | **Google-Maps-Code** 9W82+WP Amsterdam, Niederlande | **Tipp** Also: Wer aus den Bergen kommt, wird sich vor Lachen kaum einkriegen, aber im Amsterdamse Bos (siehe Ort 7) gibt es eine Erhebung, Heuvel genannt, die tatsächlich zehn Meter über dem NAP liegt. Sie ist besonders bei Mountainbikern beliebt.

69 Das Nationaal Holocaust Museum

Gedenken für Generationen

Die Eroberung der Niederlande im Zweiten Weltkrieg dauerte fünf Tage, die Besatzung fünf Jahre. Die Okkupation lässt sich in drei Phasen gliedern. Auf die Zeit nach dem Einmarsch der Wehrmacht folgte ein Wirtschaftsboom. Da der Führer als Vegetarier sich sehr für Gemüseanbau interessierte, wurde auch der Ausbau der Landwirtschaft auf dem frisch errichteten Flevopolder weiter betrieben.

Als sich nach dem Scheitern des Unternehmens Barbarossa das Kriegsglück gegen die Deutschen wendete, verschärfte sich das Besatzungsregime. Nachdem im Herbst 1944 das Luftlandeunternehmen der Alliierten bei Arnheim gescheitert war, lag Holland gewissermaßen im Windschatten des Krieges. Die Besatzer legten die Samthandschuhe ab, es wurde geplündert und geraubt, die zivile Bevölkerung durchlebte einen Hungerwinter.

Es ist die letzte Phase der Besatzung, die die Erinnerung prägt. Obwohl die Statthalter der deutschen Besatzer durchweg aus Österreich kamen, in der Wahrnehmung waren es aber dennoch die Deutschen.

Zwar gab es auch in den Niederlanden Nazis, aber die waren zu wenige und zu doof, weshalb die Besatzer bei der Vorbereitung und Durchführung des Holocausts auf die örtliche Verwaltung setzten. Wie Wien rühmte sich auch Amsterdam während der NS-Diktatur, eine »judenreine« Stadt zu sein. Das Schicksal Anne Franks belegt, dass diese Behauptung nicht stimmte, aber es ist eine Tatsache, dass drei Viertel der holländischen Juden ausgelöscht wurden, viel mehr als in den Nachbarländern. Eine Schmach, die 2005 von Ministerpräsident Balkenende selbstkritisch gewürdigt wurde.

Am 10. März 2024 wurde das Museum von König Willem-Alexander in Anwesenheit von Manuela Schwesig (in ihrer Funktion als Bundesratspräsidentin) und des österreichischen Bundespräsidenten Alexander Van der Bellen feierlich eröffnet.

Adresse Plantage Middenlaan 27, 1018 DB Amsterdam (Centrum) | ÖPNV Tram 14, Haltestelle Artis | Google-Maps-Code 9W86+QC Amsterdam, Niederlande | Netz jck.nl/locatie/nationaal-holocaustmuseum | Tipp Das Denkmal De Dokwerker erinnert an den Streik, mit dem die Hafenarbeiter im Februar 1941 gegen die Diskriminierung und Deportation der jüdischen Bevölkerung protestierten.

70 Das Nemo

Wissen ist Macht (für Kinder)

Das Nemo gehört zu den spektakulären Neubauten, die in den letzten Jahren am Hafen entstanden sind. Das runde Gebäude sieht aus wie ein Ufo, welches überraschend auf der Erde gelandet ist. Die Assoziation ist gar nicht abwegig. Zwischen seinen Arbeiten am Potsdamer Platz in Berlin und den Türmen der Londoner Tower Bridge konnten die Nemo-Macher Renzo Piano für den Entwurf ihrer Anlage gewinnen. Das Haus beherbergt nun das größte Wissenschaftszentrum der Niederlande. Fünf Etagen vollgepfropft mit nerdigen Abenteuern.

Gedacht ist die Einrichtung für Kinder und Jugendliche zwischen sechs und 16 Jahren, die sich spielerisch naturwissenschaftlichen Phänomenen nähern wollen. Aber auch Erwachsenen sind Besuch und Nutzung der verschiedenen Installationen nicht untersagt. Im Nemo gibt es vieles zu entdecken. Es gibt eine Erfinderfabrik, eine Reise durch den Geist, eine Ballfabrik (wo allerdings keine Bälle hergestellt werden, sondern anhand der runden Dinger industrielle Abläufe nachvollziehbar werden). Daneben läuft der größte Roboter, den die Menschheit bislang kannte, mit stockenden Schritten durch das Haus, und ein begabtes Kind kann ihn bestimmt so programmieren, dass er dem großen Bruder mal »gehörig die Meinung geigt«, wenn er sich wieder vordrängelt.

Obwohl es im Nemo um Wissenschaft und Erkenntnis geht, ist das Ganze als Fest für die Sinne konzipiert. Alles kann beäugt, betastet, beschnuppert und – in einigen Fällen – auch geschmeckt werden. So zum Beispiel, wenn man sich an der Herstellung von Lakritze versuchen will.

Die Bezeichnung hat übrigens nichts mit Jules Verne zu tun. Das Wissenschaftszentrum wurde 1997 eröffnet, damals noch unter dem Namen New Metropolis. Unter diesem Titel wurde die Exposition vom Publikum nicht angenommen. Erst als man den Namen zu Nemo verkürzte, begann der Andrang.

Adresse Oosterdok 2, 1011 VX Amsterdam (Centrum) | **ÖPNV** Centraal Station | **Google-Maps-Code** 9W86+QC Amsterdam, Niederlande | **Netz** nemosciencemuseum.nl | **Tipp** Bisschen weiter draußen, aber ebenfalls ein guter Ort zum Toben, Bauen und Entdecken: das Diereneiland (Molenwijk 11, 1035 EE Amsterdam).

71 Das NHOW Hotel

Würfeln um das Glück der Gäste

Die RAI Amsterdam ist ein Messegelände im Süden der Stadt. Die Buchstaben stehen für Rijwiel- und Automobiel-Industrie, was darauf hindeutet, dass früher hier vor allem Messen stattfanden, die sich um alles drehten, was fuhr und Räder hat.

Messen gibt es noch immer, allerdings wurde das thematische Spektrum energisch erweitert. Mittlerweile gibt es für so gut wie alles Messen auf dem Gelände. Wahrzeichen der RAI ist das Signal, eine 42 Meter hohe Reklamesäule, auf der Firmen, die gerade auf dem Gelände ausstellen (und andere auch) für ihre Produkte werben können. Manche sagen, das Signal sei die erste Reklametafel, die unter Denkmalsschutz steht, was möglicherweise sogar stimmt.

Wenn eine Messe so viele Gäste anzieht, ist es naheliegend, in der Umgebung viele Hotels zu bauen. Es gehört zu den Ironien der Stadtentwicklung, dass Femke Halsema in ihren Bemühungen, das Rotlichtviertel aus dem Zentrum zu verbannen (siehe Ort 82) auch an die RAI als Standort dachte, was aber von den ortsansässigen Hotels torpediert wurde.

Es gibt jede Menge Bettenburgen hier, das größte Hotel gehört der Kette NHOW, die ihr Hotel von Rem Koolhaas (von wem sonst) konzipieren ließ und nun stolz behaupten kann, das größte Haus in Benelux am Start zu haben.

Bei der Gestaltung des Hauses ließ sich Koolhaas von dem Signal inspirieren. Genau wie dort die Reklametafeln scheinbar verspielt aufeinander gestapelt zu sein scheinen, türmen sich bei ihm drei große Quader, jeder leicht versetzt aufeinander. So streng und formal die äußeren Linien des Hotels sind, drinnen geht es eher bunt und verspielt zu. Die Gestaltung der Zimmer und gastronomischen Einrichtungen soll so viel wie möglich die Kulturen dieser Welt widerspiegeln, was den für ein Hotel den unbestreitbaren Vorteil besitzt, dass auf diese Manier so gut wie jeder Gast auf eine Erinnerung an heimatliche Gefilde trifft.

Adresse Europaboulevard 2b, 1078 RV Amsterdam (Zuid) | **ÖPNV** M52 Europaplein | **Google-Maps-Code** 8VQR+HQ Amsterdam, Niederlande | **Netz** nh-hotels.de | **Tipp** Das Van der Valk Hotel Zuidas (Tommaso Albinonistraat 200, 1083 HM Amsterdam) wurde ebenfalls für sein Design gerühmt.

72 Nicholas Groente & Fruit

Zwischen Kunst und Käse

Groente & Fruit würde man mit Obst- und Gemüsehandel übersetzen, aber ein solcher Laden würde es vermutlich kaum auf eine Liste von Orten schaffen, die man gesehen haben muss. Obwohl eine der Funktionen von Nicholas Groente & Fruit auch die eines stinknormalen Ladens ist.

Brian Nicholas kam nach der Jahrtausendwende aus New York – also aus Neu-Amsterdam – nach Alt-Amsterdam. Was er sah, gefiel ihm, und außerdem fiel ihm nach einer Weile auf, dass es in seiner Ecke außer Läden, die viel Touristennepp verkauften, nicht viel gab. Also beschloss er ein Geschäft zu schaffen, der diese Lücke schloss. Und so kam 2021 Nicholas Groente & Fruit in die Welt. Ein Laden, in dem man alle möglichen Dinge kaufen kann, die man vergessen hat, wenn der Supermarkt nicht mehr geöffnet ist, aber wo man auch ebenso mit Nachbarn klatschen und tratschen kann. Das heimliche Motto des Geschäfts lautet »Zwischen Kunst und Käse«, was es ziemlich gut trifft.

Darüber hinaus gibt es die Treppe hoch eine Cult Corner, wo Bücher, Comics und Kunstwerke zu bestaunen und zu erwerben sind. Hinter dem Laden befindet sich der Secret Garden. Ursprünglich sah es hier so aus wie in einer Abrissruine mit kahlen unverputzten Wänden, aber mittlerweile ist daraus ein Kunstraum entstanden, in dem sich über 50 Künstler mit ihren Werken verewigt haben.

Es gibt in Amsterdam jede Menge Expats. Die meisten verbringen hier ihre Zeit wie über den Wassern schwebend, ohne auch nur einmal mehr als oberflächlichen Kontakt mit den Eingeborenen zu pflegen. Brian Nicholas hatte nicht nur das Glück, dass er seinen Laden in der Nicolaasstraat eröffnen konnte, auch die Häufigkeit mit der er von Einheimischen empfohlen wird, ist beeindruckend. Das ist alles andere als selbstverständlich.

Adresse Sint Nicolaasstraat 19, 1012 NJ Amsterdam (Centrum) | ÖPNV Tram 4, Haltestelle Dam | Google-Maps-Code 9VFV+X7 Amsterdam, Niederlande | Netz nicholas-groente-en-fruit.com | Tipp Die Fabrique des Lumières (Pazzanistraat 37, 1014 DB Amsterdam) bietet ein besonderes, gewissermaßen »begehbares« Kunsterlebnis.

73 Das Nio House

Im Strom der neuen Zeit

Das Haus an der Keizersgracht mit seiner auffälligen Kuppel hat eine bewegte Geschichte. Als es 1891 errichtet wurde, gehörte es einer amerikanischen Versicherungsgesellschaft. Damals zählte das Gebäude zu den höchsten in Amsterdam, was nicht viel zu bedeuten hat, denn zu der Zeit gab es in Amsterdam kaum Hochhäuser.

Später ging das Haus in den Besitz der Kaufhaus-Familie Metz über, die hier unter anderem Möbel, Damenmoden und Stoffe verkaufte. Auf dem Dach wurden nach dem Zweiten Weltkrieg Modenschauen veranstaltet, die damals Stadtgespräch waren.

Danach eröffnete hier der holländische Flagship-Store der Modemarke Abercrombie & Fitch. Der Laden wurde aber schon nach einem Jahr wieder geschlossen. Dann stand das Eckhaus ziemlich lange leer.

Bis sich ein renommiertes Architekturbüro der Liegenschaft annahm und sie behutsam renovierte. Drinnen ist nun alles licht und hoch und hell, und es gibt jede Menge Glas. Das Ambiente erinnert an eine Galerie, mit dem Unterschied, dass dort, wo sonst Skulpturen oder Picassos stehen, nun Elektro-Autos der chinesischen Nobelmarke präsentiert werden. Dass fahrbare Untersätze wie handgefertigte Kunstwerke präsentiert werden, kennt man ja auch von anderen Nobelmarken, aber bei Elektroautos ist diese Präsentation doppelt sinnvoll. Schließlich handelt es sich bei einem Elektromobil – vom technischen Prinzip her gesehen – um einen großen Bruder des Akku-Schraubers. Da ist es schon wichtig, dass das ganze Drumherum unterstreicht, dass das Produkt noch viel mehr Facetten hat. Im Haus werden übrigens auch Yoga-Kurse angeboten. Tai Chi hätte vermutlich auch gut gepasst.

Aber auch, wer sich nicht für Autos interessiert, sollte überlegen, dem Nio House einen Besuch abzustatten. Der Wechsel von der trubeligen Leidsestraat ins Innere sorgt für einen interessanten Perspektivwechsel, und die Aussicht durch die riesigen Panoramascheiben ist beeindruckend.

Adresse Leidsestraat 32–34, 1017 EN Amsterdam (Centrum) | ÖPNV Tram 2, 12, Haltestelle Keizersgracht | Google-Maps-Code 9V8P+GM Amsterdam, Niederlande | Tipp Es gibt auch andere Marken, die hier ihre Produkte präsentieren. Zeekr (Rokin 164, 1012 LE Amsterdam) zum Beispiel.

74__nNea Pizza's

Teile und herrsche

Es ist mal wieder Zeit für Superlative. nNea steht ziemlich unwidersprochen in dem Ruf, die beste echt neapolitanische Pizza in Amsterdam zu servieren. So authentisch und gut, wie man es sonst nur in der süditalienischen Hafenstadt findet. Der Laden selbst ist schmucklos, größter Blickfang ist der gelbe, kugelige Pizzaofen, der wie eine Kathedrale des Futterns alles andere überragt. Trotzdem wird angeraten zu reservieren, in Hoch-Zeiten sogar Tage voraus. Da es offenbar auch Leute gibt, die sich die Mühe machen, Listen zusammenzustellen, die für Europa die besten Pizzerien aufführen, taucht nNea auch hier auf. In der Top 50, um genau zu sein, und da regelmäßig auf einem einstelligen Tabellenplatz. Dass das Restaurant auch bei Gambero Rosso – laut Fachkreisen eine Art Michelin-Guide für Pizzerien – erwähnt wird, überrascht dann schon nicht mehr. Der Name nNea verweist auf das Hauptprodukt. Das »n« steht für neu und Nea für Neapel.

So weit alles wie erwartet. Spannend wird es, wenn wir uns mit den Menschen befassen, die hinter dem erfolgreichen Unternehmen stecken. Limau Chen entstammt einer alteingesessenen chinesischen Gastronomenfamilie. Wie in ihrer Familie üblich wollte sie ein erfolgreiches Gastro-Unternehmen gründen, aber sie liebte es auch – kein Wortspiel beabsichtigt – über den Tellerrand hinauszusehen.

Also studierte sie erst Rechtswissenschaften und führte eine Zeit lang ein Hotel in Rotterdam. Dann kehrte sie nach Amsterdam zurück. Dort traf sie auf Vincenzo Onnembo, der schon seit fünf Jahren in Amsterdam nach einer lohnenden Aufgabe suchte. Und immer, wenn Leute zu ihm sagten: »Pizza, das ist doch eigentlich Fast Food, oder?« machte er ein Gesicht wie ein Italiener in diesen Internet-Memes, in denen Mafiosi ihre Opfer zwingen, Pizza Hawaii zu vertilgen. Aber eine gute Pizza braucht nicht nur Know-how – das hatte Vincenzo zur Genüge –, sondern auch Kapital. Limau Chen tat sich mit Vincenzo zusammen, trieb via Crowdfunding das Startkapital auf und nNea war geboren.

Adresse Bilderdijkstraat 92, 1053 KX Amsterdam (West) | **ÖPNV** Tram 3, 19, Haltestelle Bilderdijkstraat (De Clerqstraat) | **Google-Maps-Code** 9V9C+Q4 Amsterdam, Niederlande | **Netz** nneapizza.com | **Tipp** Die Pizzeria San Marco (Amstelkade 148A, 1078 AW Amsterdam) ist nicht halb so legendär wie nNea, aber hier kann man während einer Bootstour direkt auf dem Wasser Pizza ordern.

75 Das Noorderparkbad

Planschen auf Weltniveau

Städte, die an Flüssen liegen und sich irgendwann mal auf beide Flussufer ausgedehnt haben, kennen das Problem. Eine Seite – meist die neuere – schneidet im Vergleich zur anderen schlechter ab. In Köln gibt es am Ostufer des Rheins die »Schäl Sick«, in Berlin jenseits der Havel Spandau, und bestimmt gibt es auch in der ungarischen Hauptstadt Unterscheidungen zwischen Buda und Pest, obwohl man da natürlich als Fremder nicht weiß, was was ist. In Amsterdam war die Deppenseite lange Zeit, ja geradezu jahrhundertelang, der Norden. Gerne als »Bei Amsterdam« oder »In der Nähe der Stadt« bespöttelt, fand hier kaum ein Tourist her, und auch viele Einheimische verkündeten mit Stolz, dass sie noch nie einen Fuß in den Norden gesetzt hatten.

Im 21. Jahrhundert scheint sich das zu ändern. Der Norden gilt als hip, und mittlerweile macht die Gegend mit exorbitanten Mieten von sich reden. Dabei war sie auch früher nicht halb so schrecklich, wie sie oft beschrieben wurde. Die Siedlungen für die damals noch aktiven Werftarbeiter waren hübsch und ländlich, kein Vergleich zu den Mietskasernen anderswo. Sie wurden Gartenstädte (Tuindorps) genannt, und zwischen ihnen lagen Parks wie der Noorderpark, der aus der Vereinigung des Flora- und des Volewijksparks entstand. Ein Schwimmbad gab es hier schon lange, aber nach der Neueröffnung im Jahre 2015 ruhten die Augen der Welt auf diesem Planschbecken. Das Noorderparkbad wurde zum schönsten öffentlichen Schwimmbad der Welt gekürt. Nun sind solche Preise meist vor allem Marketing-Gags, aber nichtsdestotrotz: Das Noorderparkbad ist schön. Luftig, hell, viel Holz, eine Auffanganlage für Regenwasser (das dann auch für das Becken benutzt wird), und der Park drum herum ist ebenfalls ansehnlich.

Vermutlich wird kaum jemand nach Amsterdam fahren, um ins Bad zu gehen. Aber wenn man schon mal da ist, kann man auch einen Blick riskieren.

Adresse Sneeuwbalweg 5, 1032 VS Amsterdam (Noord) | ÖPNV M52, Haltestelle Noorderpark | Google-Maps-Code 9WX9+74 Amsterdam, Niederlande | Netz amsterdam.nl/noorderparkbad | Tipp Wer im Norden der Stadt ist, kann auch einen Ausflug ins Umland machen. Nach Ransdorp zum Beispiel, wo es eine Kirche ohne Turm gibt, um die sich die abenteuerlichsten Geschichten ranken.

76 Die Onbekende Gracht

Denkmal für einen Wasserlauf

Wenn man mal annimmt, dass die frühen Niederländer nicht zu viel Tagesfreizeit hatten und dennoch dauernd buddelten, muss es doch einen Grund geben, weshalb sie so viele ihrer Städte mit sogenannten Grachten versahen. Und warum wurden die Dinger überhaupt Gracht genannt. Hätte es »Kanal« nicht auch getan? Also …

Gracht kommt von Graft, was wiederum dieselbe Wurzel wie das Grab und graben hat. Gracht bezeichnet einen künstlich angelegten Wasserweg, der an beiden Seiten bebaut ist. Die Gründe für die Anlage einer Gracht waren vielfältig. Zum einen war der Wasserweg der billigste und leistungsfähigste Transportweg. Pferde waren lange Zeit Luxus, dem hohen Adel und dem Rittertum vorbehalten, beides war im eher bäuerlich und bürgerlich geprägten Holland alles andere als dominant.

Außerdem waren die Grachten Vorläufer der Kanalisation. Die letzte, aber alles andere als unwichtige Aufgabe war die der Verteidigung. Wenn Städte angegriffen wurden, konnten durch die Grachten Festungsgräben und andere Verteidigungsanlagen geflutet werden. Das erkennt man auch heute noch im Namen: Eine Slotgracht (also Schlussgracht) war ein Kanal, der speziell zur Verteidigung angelegt wurde.

Dieses Konzept wurde noch bis in die erste Hälfte des 20. Jahrhunderts verfolgt, als man glaubte, mit Grachten, wenn sie nur breit genug sind, auch Panzerangriffe aufhalten zu können. Allerdings gelang das nur selten.

In anderen Städten gibt es Denkmäler für den unbekannten Soldaten. In Amsterdam, wo die Gracht in der Geschichte der Stadt eine so große Rolle gespielt hat, sollte es daher nicht verblüffen, dass es auch eine sogenannte »unbekannte Gracht« gibt. Sie befindet sich gleich hinter dem Musical-Theater Carré und hat sogar eine eigene Postleitzahl. Und dafür, dass sie »unbekannt« ist, ist sie mittlerweile ganz schön berühmt geworden.

Adresse Lepelstraat, 1018 XP Amsterdam (Centrum) | **ÖPNV** M 51, 53, 54, Haltestelle Weesperplein | **Google-Maps-Code** 9W63+XP Amsterdam, Niederlande | **Tipp** Der Karthäuserhof (Karthuizersstraat 61–71, 1015 LM Amsterdam) ist eine Oase der Ruhe.

77 Ons lieve heer of solder

Von Glauben und Bekennen

Nicht alle, aber doch recht viele Holländer sind stolz darauf, in einer modernen, zivilisierten Gesellschaft zu leben, die viele Probleme früher erkannt hat als andere und dafür auch originelle Lösungen gefunden hat. Dieser Stolz ist trotz aller Ernüchterungen über weite Strecken berechtigt, aber er hat auch Nebenwirkungen. Moralisieren und mahnend Zeigefinger erheben zum Beispiel. Und natürlich ist es in dieser Beziehung toll, dass es da im Osten der Niederlande diesen großen Nachbarn gibt, der in Sachen moralischer Zurechtweisung so viel Spielmaterial bietet.

Doch in den letzten Jahren haben sich da einige Gewichte verschoben. Inzwischen gibt es mehr Augenmerk für die eigene Geschichte – Sklaverei aber auch der Kampf um die Unabhängigkeit. Zwar konnten die Niederlande sich aus dem Dreißigjährigen Krieg raushalten, aber das Abschütteln des spanischen Jochs hatte auch religiöse Komponenten. Protestantismus wurde nun Staatsreligion. Alle anderen stellten den Gottesdienst ein oder gingen in den Untergrund.

So wurde öffentlich Herzog Alba verflucht und hinter verschlossenen Türen inbrünstig gefrömmelt. Ort der heimlichen Messen waren Tarnkirchen (Schuilkerk), von denen Ons lieve heer of solder eine der schönsten und beeindruckenden ist.

Heute versucht man mit dem komplexen Erbe konstruktiv umzugehen. Führungen sollen junge Menschen an die Geschichte der Stadt heranführen und ihnen vor allem vermitteln, wie segensreich es für die Geschichte Amsterdams war, in religiösen Fragen so viel Weisheit wie möglich an den Tag zu legen.

In Anerkennung der historischen Bedeutung des Ortes wie auch des Engagements des Teams wurde Ons lieve heer op solder 2024 mit dem europäischen Kulturerbe-Siegel ausgezeichnet. Eine Auszeichnung, mit der sich in den Niederlanden nur noch vier weitere Orte schmücken können. So der Friedenspalast in Den Haag, der Vertrag von Maastricht, Kamp Westerbork und die Kolonie der Wohltätigkeit in Drenthe.

Adresse Oudezijds Voorburgwal 38–40, 1012 GD Amsterdam (Centrum) | ÖPNV Centraal Station | Google-Maps-Code 9VGX+3Q Amsterdam, Niederlande | Netz opsolder.nl | Tipp Auch das Luther Museum (Nieuwe Keizersgracht 570, 1018 VG Amsterdam) beschäftigt sich mit den Fragen von Religion und Toleranz.

78 Our House

Tour durch den Techno-Tempel

Es ist jetzt nicht so, dass man in Amsterdam alle Windungen und Wendung der deutschen Politik haargenau verfolgt, aber ein paar Themen werden schon registriert. Da war zum einen die Cannabis-Legalisierung im Zusammenhang mit der Frage, ob das Auswirkungen auf das Geschäft der Koffieshops in Amsterdam hat (allgemeiner Tenor: eher nicht). Ein anderes Thema das genauer verfolgt wurde, war die Entscheidung, dass Techno fortan in Berlin zum immateriellen Kulturerbe gehört. Denn was dieses Thema betraf, gab es in Amsterdam schon geraume Zeit Überlegungen, die in dieselbe Richtung gingen.

Amsterdam ist eine weltweit beliebte Party-Destination und eine Hochburg der EDM (Electronic Dance Music). Als die Pandemie das öffentliche Leben so gut wie lahmlegte, traf das die Ausgehbranche hart. Nun wurden Rechnungen erstellt, um zu zeigen, wie wichtig die Party-Szene auch für das materielle Wohlergeben der Stadt ist, es wurde penibel aufgeschlüsselt, wie viel Geld jeder Gast in den Clubs und darüber hinaus in der Stadt lässt. Und außerdem würde man sich ganz allgemein auch über ein bisschen mehr Wertschätzung freuen.

Und so wurde 2021 Our House eröffnet, ein Museum, in dem die Geschichte der Electronic Dance Music (oder wie wir coolen Typen sagen: EDM) mit all ihren Höhen und Tiefen nachgezeichnet wird. Ort des Museums ist der ehemalige legendäre Club idTV neben dem Air, was zumindest den Vorteil hat, dass die Akustik schon mal top ist. Auf Leute, für die Techno nicht zu den prägenden Erfahrungen ihres Lebens gehört, wirkt die ganze Angelegenheit stellenweise etwas lieblos, aber wer in Erinnerungen schwelgen will, findet hier bestimmt jede Menge Inspiration. Logistische Unterstützung gibt es von der Heineken Experience, bei der Leute viel Geld für eine Führung bezahlen, wo sie am Ende ein Glas Bier gratis bekommen. Our House – manchmal auch Our House Experience genannt – funktioniert so ähnlich, nur eben mit Musik.

Adresse Amstelstraat 24–26, 1017 DA Amsterdam (Centrum) | ÖPNV Tram 4, 14, Haltestelle Rembrandtplein | Google-Maps-Code 9V8X+CQ Amsterdam, Niederlande | Netz our-house.com | Tipp In der All Out Bar (Europaboulevard 1B, 1079 PC Amsterdam) können Erwachsene essen, trinken, tanzen und – spielen.

79 Das Papeneiland

Kuchen für Clinton, Rezepte für Hillary

Das Café Papeneiland befindet sich seit Generationen in dem Besitz der Familie, wo das Kneipenführungs-Know-how zuverlässig vom Vater zum Sohn oder von der Mutter zur Tochter weitergegeben wird. Das ist beeindruckend, aber, wie der aufmerksame Leser dieses Werkes weiß, in dieser Stadt nicht einzigartig. Das Café Papeneiland hat eine sehr weit zurückreichende Geschichte. Es besteht schon seit 1642 und steht natürlich unter Denkmalschutz. Seit der Gründung gibt es hier einen Fluchtweg für Pfarrer, die mit ihrer Religion nicht ganz dem herrschenden Glauben entsprachen.

Dieser Fluchtweg ist bis heute erhalten, und es waren diese entweichenden Pfaffen, welche dem Café zu seinem Namen verholfen haben. Nun gut, das ist interessant, aber auch nicht unbedingt ein Alleinstellungsmerkmal. Es soll ältere Restaurationen geben wie das Karpershoek, allerdings wird dieses Thema auch gern diskutiert. Das Café Papeneiland liegt am Schnittpunkt zweier Grachten. Am Wasser gibt es einen Steg, weshalb man auch mit dem Boot anreisen kann.

Und wer zu Fuß oder auf der Solex den Jordaan erkunden will, dem wird hinter dem Tresen mit Rat und Tat geholfen. Er kann eine Karte bekommen oder Tipps, wo günstig ein fahrbarer Untersatz zu mieten ist. Auch das ist nett, aber was das Café von allen anderen unterscheidet, ist seine prominente Kundschaft.

Expräsident Clinton war hier 2011 zu Gast, aß Apfelkuchen, nahm ein ausgiebiges und volksnahes Bad in der Menge. Bevor er sich verabschiedete, packte er eine ganze Apfelkuchentorte für Hillary ein (ob er da was ausgefressen hatte?) und schickte auch noch ein Dankschreiben. Das hängt nun gerahmt hinter der Theke, zwischen Zeitungsausschnitten und anderen Denkwürdigkeiten aus der langen und wechselhaften Geschichte. Und von dem großen internationalen Namen sollte man sich nicht abhalten lassen: Das Papeneiland ist urgemütlich und typisch Amsterdam.

Adresse Prinsengracht 2, 1015 DV Amsterdam (Centrum) | ÖPNV Centraal Station | Google-Maps-Code 9VJQ+55 Amsterdam, Niederlande | Netz papeneiland.nl | Tipp Ebenfalls bekannt – wenn auch nicht in der ganzen Welt – ist die Konditorei Kwekkeboom, zum Beispiel in der Reguliersbreestraat 36.

80 Das Paradiso

Glaubensfragen in der Welt der Musik

Das Paradiso stand in den 60er Jahren für das, was man damals in Hippiekreisen unter Amsterdam verstand. Obwohl es immer wieder kolportiert wurde, meinen ernstzunehmende Quellen, dass es sich bei dem Gebäude nicht um eine Kirche handelte. Allerdings war es mit Sicherheit eine Glaubensfrage, wie man zu dieser Einrichtung stand, und die Eigentümer spielten immer wieder mit der kirchlichen Assoziation. So wurde in den 80er Jahren auf dem Dach ein schwankendes Kreuz platziert.

Das Paradiso entstand im Oktober 1967, kurz nach dem Sommer der Liebe, aus einem Love-in, welches ein paar Dutzend Hippies im nahe gelegenen Vondelpark abgehalten hatten. Sie besetzten kurzerhand das leer stehende Haus und machten hier mit ihrem Love-in weiter.

Im folgenden Jahr wurde die Anwesenheit der Besetzer legalisiert. Das Haus galt fortan als ein von einer Stiftung getragenes Freizeitzentrum, die das Gebäude nun auf ihren Namen taufte. Von Anfang an spielte Musik im Programm eine große Rolle. Hier traten die frühen Pink Floyd auf, Captain Beefheart oder auch Frank Zappa. Manchmal sollen sie sogar umsonst gespielt haben oder für rauchbare Substanzen und andere Naturalien.

Mit dem Ende der Hippieära hätte auch das Paradiso seine Pforten schließen können, aber es schaffte den Übergang in die neue Zeit. Willem de Ridder, ein Herausgeber einer Popzeitschrift und treibende Kraft hinter der Gründung des Etablissements, zog sich zurück, um eine Pornozeitschrift herauszugeben. Des Weiteren versuchte er, in der Stadt eine Sexakademie zu etablieren.

Im Paradiso machte man ohne ihn weiter. Aus dem Hippietempel wurde eine Punk-Hochburg. Und so ging es immer weiter. Bis heute hat wohl jeder ernst zu nehmende Act der westlichen Welt mindestens einmal im Paradiso gespielt. Pro Jahr kommt eine halbe Million Besucher. Ein Ende ist nicht abzusehen.

Adresse Weteringschans 6–8, 1017 SG Amsterdam (Centrum) | **ÖPNV** Tram 1, 7, 19, Haltestelle Rijksmuseum | **Google-Maps-Code** 9V6M+VG Amsterdam, Niederlande | **Netz** paradiso.nl | **Tipp** De Melkweg (Milky Way/Milchstraße) ist auch eine ziemlich legendäre Adresse in der Popmusikwelt (Lijnbaansgracht 234 A).

81 Die Peperbus

Rundum unter Spannung

Auf den ersten Blick ähneln sie Litfaßsäulen. Sie sind rund, vier Meter hoch, messen knapp zwei Meter im Durchmesser, tragen eine kleine Pickelhaube und stehen auf einem kleinen Backsteinfundament. Von außen schmückt sie Werbung, im Inneren besteht ihr Job darin, den Strom in die angeschlossenen Haushalte zu verteilen. Ursprünglich wurde die Spannung von 3.000 Volt auf 127 Volt umgemodelt, mittlerweile werden die Haushalte mit 230 Volt versorgt. Im Volksmund werden die runden Teile auch Pfefferstreuer (Peperbus) genannt. Wenn man einen sieht, versteht man sofort, weshalb.

Die Trafo-Häuschen wurden 1911 von dem Architekten Joan – seine Freunde durften in Jo nennen – van der Mey entworfen. Jo hat im Stadtbild von Amsterdam so einige Spuren hinterlassen. So baute er unter anderem im Botanischen Garten, auch der Entwurf für das Scheepvaarthuis stammt von ihm, aber am beliebtesten sind die Pfefferstreuer, bei denen die wenigsten wissen dürften, wer sie entworfen hat.

Der große Boom der Trafohäuschen fiel in die 1950er Jahre. Da wurden die meisten aufgestellt, auf die Idee, sich mit Werbung auf den Teilen ein bisschen was dazuzuverdienen, war die Stadt aber schon Jahre früher gekommen.

Im Laufe der Zeit wurden einige auch neuen Bestimmungen zugeführt. Der Peperbus am Rokin zum Beispiel war der erste, der auch als Gasverteiler genutzt wurde. 1982 gab es über 150 Pfefferstreuer. Wie viele es jetzt sind, kann man bestimmt irgendwo rauskriegen. Tatsache ist auf jeden Fall, es werden weniger. In den letzten Jahren ist die Gemeindeverwaltung dazu übergegangen, die runden Dinger durch moderne Trafo-Häuschen aus Beton zu ersetzen. Die sind sicherlich funktionaler, aber dafür auch langweiliger, da hilft es auch wenig, dass sie mit knalligen Farben besprüht werden. Weshalb es in einigen Stadtteilen sogar zu Protesten gegen die Modernisierungswelle kam.

Adresse Rokin, 1012 KW Amsterdam (Centrum) | ÖPNV M52, Haltestelle Rokin | Google-Maps-Code 9VCV+55 Amsterdam, Niederlande | Tipp Es stehen auch andere runde Dinger auf der Straße. Das sind sogenannte Würmerhotels (Wormenhotels), die als Bio-Tonne fungieren. Es gibt über 60 davon. Ihre Standorte sind hier verzeichnet: https://maps.amsterdam.nl/buurtcompost.

82 Das PIC

Innenansichten von Insidern

Vor Jahren war das Amsterdamer Rotlichtviertel eine Attraktion, mit der die Stadt offensiv warb. Die englische Band Police nahm in ihrer Anfangszeit den Song »Roxanne« auf, in dem es um eine Frau geht, die im Rotlichtviertel arbeitet. Als George Michael um die Jahrtausendwende seine Version des Liedes produzierte, war im Video auch eine lokale Vertreterin der Branche zu sehen; was von den einheimischen Medien ausführlich und wohlwollend begleitet wurde. Später versucht die Stadt, den Charakter des Viertels – grob gesagt, die Gegend zwischen Zeedijk und Warmoesstraat – zu verändern. Es gibt Kunstinitiativen, man bemüht sich, Modefirmen und andere hippe Projekte anzusiedeln und das traditionelle Gewerbe einzudämmen. Allerdings ist der Erfolg bislang durchwachsen.

Gelder, die von der Gemeindeverwaltung zur Umwidmung der Fensterhäuser bereitgestellt wurden, blieben unabgerufen, und eine mit viel Getöse eingerichtete Hotline, bei der Prostituierte in Notsituationen um Hilfe bitten konnten, wurde in einem Quartal genau 1 Mal (in Worten: einmal) angerufen. Dann machte sich Femke Halsema an ihr Lieblingsprojekt. Sie wollte den Sündenpfuhl trockenlegen. Dabei fand sie Unterstützer, im Zuge der Gentrifizierung Hinzugezogene zum Beispiel. Die Alteingesessenen hingegen skandieren in Anlehnung an Geert Wilders »Meer sex, minder Halsema«. Den Einwohnern der anderen Viertel war's egal, solange das Rotlichtviertel nicht zu ihnen kommt. Mittlerweile hat sich wohl eine Lösung am Autobahnring gefunden, aber in trockenen Tüchern ist das alles noch nicht. Und ob das Angebot vom Publikum wirklich so angenommen wird, wie sich das die Chefetage der Stadt erhofft, ist auch nicht sicher. Derzeit besteht das Prostitutie Informatie Center noch, wo Leute, die das Gewerbe aus eigener Anschauung kennen, ihren Standpunkt darlegen. Hier gibt es eine Bibliothek, Informationsmaterial, aber auch Vorträge und Führungen.

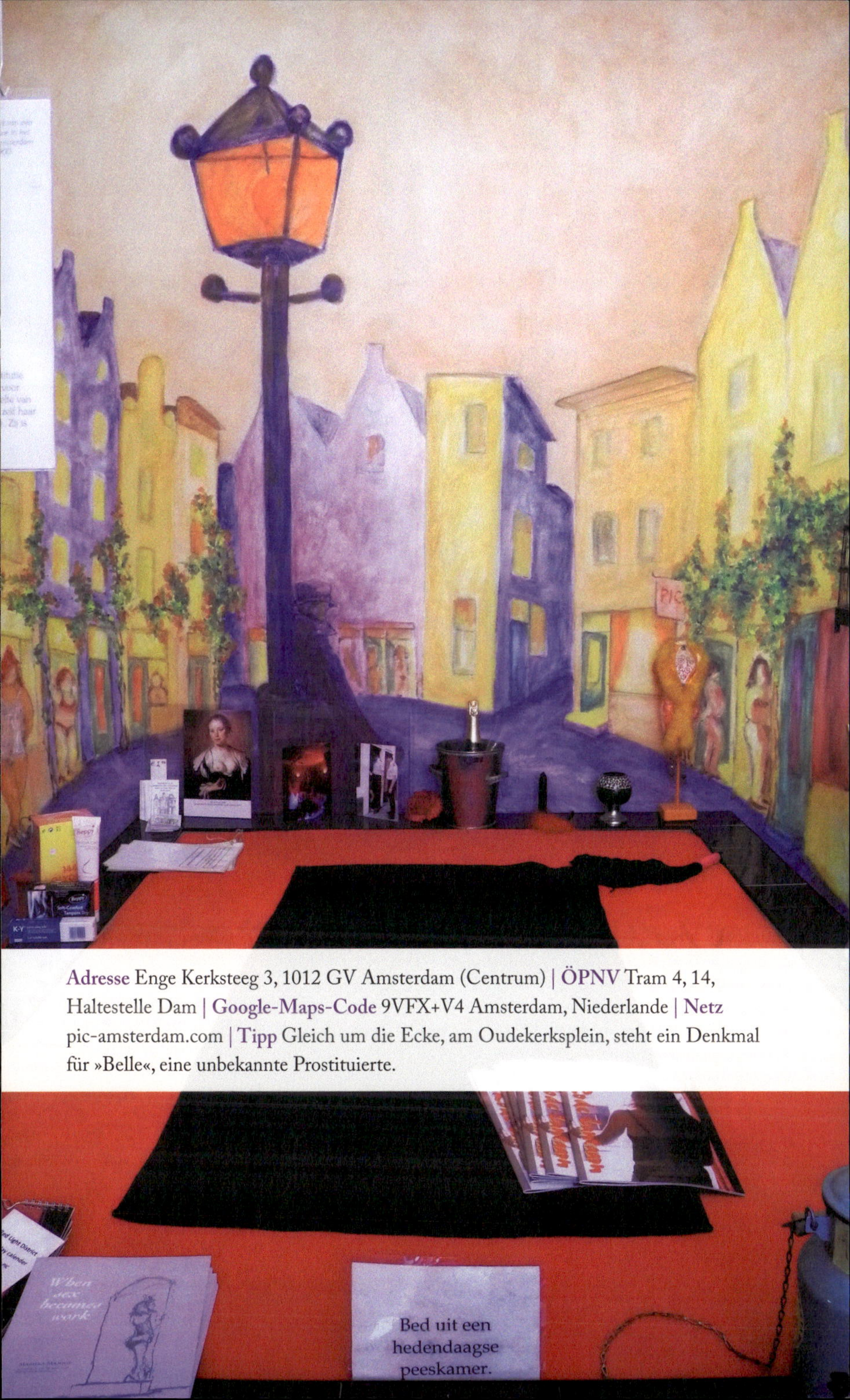

Adresse Enge Kerksteeg 3, 1012 GV Amsterdam (Centrum) | **ÖPNV** Tram 4, 14, Haltestelle Dam | **Google-Maps-Code** 9VFX+V4 Amsterdam, Niederlande | **Netz** pic-amsterdam.com | **Tipp** Gleich um die Ecke, am Oudekerksplein, steht ein Denkmal für »Belle«, eine unbekannte Prostituierte.

83 Der Pink Beach

Ein Blick durch die rosarote Brille

Die Gruppe der Leute, für die der Pink Beach interessant sein könnte, lässt sich ziemlich genau definieren: Alle Menschen, die nach der Ansicht des »Barbie«-Films noch nicht wieder in die graue Wirklichkeit eintauchen wollen. Die Einrichtung ist nicht so weit vom üblichen Strandclub entfernt. Es gibt Liegestühle, Sonnenschirme und Palmen. Nur wirkt eben alles künstlich und wird von der Farbe Rosa dominiert.

Hinter dem Konzept und der Umsetzung von Pink Beach stecken Sarah Mendes und Adélia Nerys. Sarah Mendes hatte zuvor mit Wondr das erste Instagram-Museum in Amsterdam eröffnet (siehe auch Ort 102). Die Strandbar ist eine logische Erweiterung des Museumskonzept ins Freie, nur mit dem Vorteil, dass hier wenigstens die Sonne echt ist. Adélia Nerys hatte zuvor bei verschiedenen Firmen gearbeitet, die große Expertise haben , wenn es darum geht, ein Kernprodukt um immer neue Facetten zu erweitern (ja, Sie vermuten richtig, wir sprechen von Unternehmen wie Disney). Insofern ist es nur logisch, dass die Erfahrung auch in der Wondr-Welt zum Tragen kommen. Mittlerweile gibt es neben dem Pink Beach auch Roller Dreams (dasselbe Konzept, nur mit Rollschuhen). Und wer es in Holland nicht schafft, nach Amsterdam zu kommen, der kann hoffen, dass die Attraktion zu ihm kommt, denn Wondr on Wheels gibt es mittlerweile auch.

Bei diesen ganzen Projekten geht es vor allem um zwei Dinge: Spaß und Ausklinken aus der Realität. Und so eine Auszeit braucht vermutlich jeder mal. Ein Grund für den Erfolg dieser Projekte dürfte auch sein, dass die Leute nicht nur gut darin sind, Landschaften zu entwerfen, in denen man sich gut in Szene setzen kann, sondern sie auch demonstrieren, wie man das macht. Wer will, kann Adélia Nery auf diversen Sozialen Medien folgen und hier dabei zusehen, wie sie für einen Halbmarathon trainiert oder an neuen Ideen tüftelt.

Adresse Meeuwenlaan 88, 1021 JK Amsterdam (Noord) | ÖPNV M52, Haltestelle Noorderpark | Google-Maps-Code 9WP9+5X Amsterdam, Niederlande | Netz pinkbeach.nl | Tipp Der Strand Zuid (Europaplein 22, 1078 GZ Amsterdam) ist ebenfalls eine lohnende Location auf Sand und am Wasser.

84_Das Polderhaus

Eines der letzten seiner Art

Ein Polder, und jetzt soll bitte nicht jeder so tun, als wisse er das längst, ist ein Stück Land, bei dem die Wasserstände im Inneren und am Rand nach Wunsch geregelt werden können. Das geschieht entweder durch Abpumpen oder Aufstauen und ist im Detail möglicherweise gar nicht so kompliziert, aber andererseits auch nicht sooo interessant.

In den Niederlanden gibt es 4.000 Polder. Die Hälfte aller Polder Europas liegt in Holland. Man kann also mit einiger Berechtigung sagen, dass unser Nachbarland in Sachen Polder eine absolute Super-Power ist. Aufgrund dessen standen holländische Ingenieure jahrhundertelang in Europa in hohem Ansehen. Ob es darum ging, in Frankreich Wasserspiele zu entwerfen oder in Preußen Wiesen zu entwässern, in der Regel wurden Holländer geholt, die sich der Sache annahmen. Die Engländer sagten: »Gott schuf die Welt, aber die Holländer schufen die Niederlande.«

Ein Polderhaus beherbergte die Menschen, die mit ihrer Arbeit das Land dem Meer abgerungen hatten. Die Häuser waren klein und karg und standen frei auf Wiesen und Weiden. Wenn sie von ihren ursprünglichen Bewohnern aufgegeben wurden, kamen manchmal Städter und nutzten sie als Ferienhäuschen.

Sobald sich aber die Städte ausbreiteten und das Umland eingemeindet wurde, änderte sich auch die Architektur. Die Polderhäuschen verschwanden und machten den typischen Giebel- und Grachtenhäusern Platz. Eine Ausnahme ist dieses Haus im Stadtteil Pijp. Es wurde 1865 im Stil der Polderhäuser erbaut, weil die geringen Ausmaße auch in der Stadt günstigen Wohnraum versprachen. Vielleicht blieb das Gebäude aber auch einfach erhalten, weil die jeweiligen Besitzer es so niedlich fanden. Auf jeden Fall gehört es zu den wenigen, die im Laufe der Jahrhunderte ihren Charakter nicht geändert haben. Auch der derzeitige Besitzer hat es liebevoll restauriert.

Adresse Rustenburgerstraat 8, 1074 ET Amsterdam (Zuid) | **ÖPNV** Tram 4, Haltestelle Lutmastraat | **Google-Maps-Code** 9W34+M9 Amsterdam, Niederlande | **Tipp** Am Zeedijk 1 steht eines der letzten Amsterdamer Häuser mit einem Holzfachwerk.

85 Die Rechtbank

Der Riese mit dem großen Herz

Die Rechtbank ist das größte Gerichtsgebäude des Landes. Hier gibt es 50 Gerichtssäle, in denen prozessiert, plädiert und protokolliert wird. Um die Auslastung der Gerichtssäle muss man sich keine Sorgen machen. Es gibt genug zu tun. Die Niederlande waren, was Kriminalität betrifft, nie eine Insel der Glückseligen. Aber lange herrschte die Überzeugung vor, dass die nüchterne und Laid-back-Attitüde des Staates und seiner Vollstrecker in gewisser Weise besänftigend auf potenzielle Missetäter wirken würden.

Es gab Verbrecher, die im Laufe der Jahrzehnte so was wie Prominente wurden, und es gab Peter R. D. Vries, der so etwas wie die niederländische Entsprechung zu Eduard »Aktenzeichen XY« Zimmermann war. Dann wurde de Vries 2021 am helllichten Tag ermordet, aus dem Umfeld der Clan-Kriminalität wurden Pläne ruchbar, den damaligen Ministerpräsidenten Rutte zu entführen und eine schillernde Anwältin könnte nicht länger leugnen, dass sie sich kaum mehr als Instrument der Rechtspflege verstand. Zusammengefasst: In diesem Punkt sieht es in den Niederlanden genauso aus wie in vielen anderen Ländern der westlichen Welt.

Doch während die meisten Gerichte sich mit der üblichen Justitia schmücken, die mit verbundenen Augen ein Schwert und eine Waage hält, steht vor der Rechtbank in Amsterdam ein freundlicher Riese, der von Weitem so aussieht, als würde er sich die Schuhe zubinden.

Der Riese wurde von Nicole Eisenman geschaffen, der offizielle Titel der Skulptur lautet »Love or Generosity« (was kein Widerspruch sein muss, aber was wissen wir schon von Kunst). Beim Näherkommen sieht man auch, dass der Riese sich nicht die Schuhe zubindet, sondern seine Hand schützend über eine Gruppe kleiner Gegenstände wölbt: Auf seiner Handfläche sitzen eine Eule (in einem Netz), ein Pfeil und eine Eichel. Laut Künstlerin handelt es sich hierbei um Glückssymbole, die in verschiedenen Kulturen verstanden werden.

Adresse Parnassusweg 280, 1076 AV Amsterdam (Zuid) | ÖPNV M52, Haltestelle Zuid | Google-Maps-Code 8VQ9+X5 Amsterdam, Niederlande | Tipp Auf dem Leidseplein steht seit Kurzem ein Monument, das an Peter R. de Vries erinnert.

86_Das REM-Eiland

Shiny Happy People

Das ist das letzte Buchstabengewimmel, versprochen. Das REM-Eiland sieht aus wie eine kleine Bohrinsel. Ein Haus, das auf Stelzen im Wasser steht. Das fällt auf. Und das soll es auch. REM steht für Reclame Exploitatie Maatschappij. Und genau darum ging es auch. Die Eigentümer wollten kommerzielle Radio- und Fernsehsender betreiben. Zu diesem Zweck ließen sie das Stelzenhaus auf einer Werft in Irland bauen, von wo es dann mit Hilfe eines Schiffs in die Nordsee geschleppt wurde, bis kurz vor die holländischen Hoheitsgewässer. Hier begann TV Noordzee am 15. August 1964 mit dem Sendebetrieb.

Die niederländischen Rundfunkgesetze erlaubten allerdings noch keinen privaten Rundfunk. Für die Behörden unterhielten die Betreiber einen Piratensender. Es dauerte eine Weile, aber nachdem man im November 1964 ein Gesetz verabschiedet hatte, welches den Rundfunkbetrieb auf Stelzen verbot, konfiszierte die Königliche Marine im Dezember die Anlagen auf der künstlichen Insel. Aber das war nur ein Teilerfolg. Gegen die Piratensender, die von Schiffen aus operierten, konnten die Behörden nichts machen.

Aus den illegalen Anfängen auf der Plattform entstand später über Umwege der TV-Sender TROS (nur der Vollständigkeit halber: Televisie en Radio Omroep Stichting). Die Plattform wurde nach der Konfiszierung von der Marine als Messstation genutzt. 2006 war die Angelegenheit aber inzwischen zu alt und rostig geworden. Das Gebäude der Plattform wurde von den Stelzen abgetrennt und nach Vlissingen verbracht. Dort kaufte es eine Wohnungsbaugesellschaft, brachte es an seinen jetzigen Standort nach Amsterdam, wo es wieder auf Stelzen gestellt und renoviert wurde. Derzeit beherbergt das REM-Eiland ein Restaurant, in dem auch gefeiert werden kann. Und als der Sender TROS 40 Jahre alt wurde, gab es natürlich nur einen Ort, an dem man das Jubiläum würdig begehen konnte.

Adresse Haparandadam 45, 1013 AK Amsterdam (Centrum) | **ÖPNV** Bus 22, 48, 348, Haltestelle Oostzaanstraat | **Google-Maps-Code** VXM+F7 Amsterdam, Niederlande | **Netz** rem.amsterdam | **Tipp** Das Sluishuis (Haringbuisdijk, 1086 VA Amsterdam). Der Name – Schleusenwärterhäuschen – täuscht. Das Sluishuis ist eine künstliche Insel im futuristischen Design.

87 Roetz Fiets

Ja, mir san mit'm Radl da

Das mag jetzt nicht wirklich überraschen, aber irgendwann muss es halt mal raus: In Amsterdam ist das Fahrrad Verkehrsmittel Nummer eins. Okay, das war jetzt nicht so der Bringer. Aber auch wenn jeder Mensch und sein Hund weiß, dass in Amsterdam viel Fahrrad gefahren wird, heißt das ja noch lange nicht, dass es nichts Neues über Amsterdam und Fahrradfahren zu berichten gibt.

Vor einiger Zeit ging die Schicki-Micki-Marke Van Moof pleite, was eine Menge Leute nicht wenig Geld kostete. Die in Deutschland so beliebten Babboe-Räder sind in Amsterdam übrigens verpönt, weil sie als zu unfallträchtig gelten. Das Benehmen von Radfahrern gibt natürlich immer wieder Grund zur Klage, und Besucher sollten nicht ernsthaft erwarten, dass Radfahrer an Zebrastreifen ausweichen oder gar stoppen. Aus Besuchersicht am ärgerlichsten ist jedoch, dass niemand an einer Kreuzung die Hand ausstreckt, um einen Richtungswechsel anzuzeigen, und abbremsen kommt auch nicht in die Tüte. Liebstes Hassobjekt derzeit sind die Fatbike-Fahrer, wulstig bereifte Drahtesel, wie man sie hierzulande vor allem von Lieferdiensten kennt. In Amsterdam sind auch aufgepimpte Modelle im Verkehr, die de facto eigentlich über die Power von mindestens Mopeds verfügen und für ihre Fahrer den Vorteil haben, dass sie ohne Führerschein – und ohne Helm! – gefahren werden können.

Aber es gibt auch gute Nachrichten. Im Norden wirkt die Roetz Fair Fiets Fabrik, wo aus alten Teilen stinknormale Räder zusammengeschraubt werden, die im Alltag einfach funktionieren sollen. In der Fabrik arbeiten viele Leute, auch solche, die sich mit einem regulären Einstieg in den Arbeitsmarkt schwertun. Dort findet man einen Showroom, in dem man sich ein Bild vom Wirken der Fabrik machen kann. Die Führungen werden nach Anmeldung durchgeführt, nähere Informationen bietet die Webseite. Die Räder hingegen werden in vielen Läden in der ganzen Stadt angeboten.

Adresse Schaafstraat 17, 1021 KD Amsterdam (Noord) | ÖPNV M52, Haltestelle Noorderpark | Google-Maps-Code 9WMF+VW Amsterdam, Niederlande | Netz roetz-bikes.com | Tipp Wer Lust auf eine besondere Radtour hat, sollte einen Ausflug zur Nesciobrug (Google Code 9X49+HQ Amsterdam, Niederlande) unternehmen. Atemberaubende Einblicke garantiert.

88 Romantic Tour

Unter Brücken und Balladen

Es gibt mindestens drei Kategorien von Amsterdamern. Die einen haben so gut wie keine Ahnung von ihrer Stadt, sind aber nichtsdestotrotz der Meinung, in der tollsten, coolsten, schärfsten Stadt der Welt zu leben. Dann gibt es wieder welche, die sehr wohl die eine oder andere unbekannte Ecke ihrer Stadt kennen, aber sorgfältig darauf bedacht sind, dass niemand von ihrem Geheimwissen erfährt. Was man schofelig finden, aber auch irgendwie verstehen kann. Und dann gibt es Leute wie Rocco Vermijs, die viel über ihr geliebtes Amsterdam wissen und dieses Wissen auch gern mit Besuchern teilen.

Vor seiner Zeit als leidenschaftlicher Stadtbilderklärer stand Rocco fast zwei Jahrzehnte als Tänzer auf der Bühne. Dann hatte er eines Abends eine Art negatives Damaskus-Erlebnis. Statt zu empfinden »Das ist es«, fühlte er »Das kann es nicht sein«, und er beschloss, seinem Leben eine neue Wendung zu geben.

Da er schon immer gern über die Schönheiten seiner Heimatstadt sprach, machte er sich daran, Führungen zu organisieren. Das ging auch eine Zeitlang ziemlich gut, bis eine Kundin vorschlug, diese Führungen doch auf dem Wasser zu veranstalten. Das wäre doch irgendwie – romantischer. Was definitiv stimmt. Es ist nicht einfach, so etwas zu organisieren, aber wer die Gelegenheit erhält, in der ersten Morgendämmerung eine Tour auf einem Boot durch die erwachende Stadt zu machen, der sollte das nutzen. Das wird eine Erinnerung fürs Leben.

Und da Rocco Vermijs eine romantische Ader hat, stellte er seine Führung unter dieses Motto. Dabei trägt er auch gern dick auf. Um die Magere Brug (überbrückt die Amstel zwischen Keizersgracht und Prinsengracht auf Höhe Kerkstraat) wabert die Legende, dass ein Kuss unter der Brücke die Liebe ewiglich gedeihen lässt. Und wenn die Leute sich dann unter der Brücke küssen, ertönt auch schon mal »Besame Mucho«. Vielen gefällt's.

Adresse Herengracht 124, 1015 BT Amsterdam (Centrum) | ÖPNV Tram 2, 12, Haltestelle Keizersgracht | Google-Maps-Code 9VGQ+78 Amsterdam, Niederlande | Netz romantictouramsterdam.com | Tipp Cicerones (cicerones.nl) bieten in Amsterdam und anderen niederländischen Städten Führungen an.

89 Die Rijksmuseum Expeditie

Unkonventionelle Kunsterlebnisse

Als die Teekenschool neben dem Reichsmuseum 1892 eröffnet wurde, fiel sie in die Kategorie der »Normalschulen«, die manchmal auch Pflanzschulen genannt wurden. Erbaut wurde sie, wie fast alles in der Gegend, zu dieser Zeit von Pierre Cuypers. Sinn und Zweck der Anstalt war es, hier Zeichenlehrer für die Schulen des Landes auszubilden. Eine solche Institution direkt neben einem der berühmtesten Museen zu bauen, machte also – wie man heute sagen würde – Sinn.

Der Sinnspruch über der Tür stammt von Victor de Stuers, einem Mann, der sich im 19. Jahrhundert um die Kunsterziehung und Denkmalpflege im Lande verdient gemacht hatte und der auch zu den Gründervätern der Zeichenschule gehörte. Übersetzt lauten seine Zeilen: »Zeichnen ist wie reden und schreiben zugleich.«

Die Zeichenschule fungierte als Bildungseinrichtung bis weit über die Mitte des 20. Jahrhunderts. Dann zogen Lehrer und Schüler um, und die Alma mater schien nicht mehr als ein weiterer Bau in der Nähe des Reichsmuseums zu sein.

Als 2012 das Rijksmuseum sorgfältig renoviert und wieder eröffnet wurde, hat man auch die Zeichenschule nicht vergessen. Sie stand nun wieder dem Publikum offen. Zum einem gibt es seitdem Ateliers, in denen Künstler der verschiedenen Gattungen wirken und sich vervollkommnen können. Tagsüber tummeln sich hier auch viele Schüler, denen spielerisch die Künste nahegebracht werden, und abends gibt es Kurse für Künstler und alle, die es noch werden wollen.

Aber am interessantesten für Leute von außerhalb ist wohl die Rijksmuseum Expeditie, die regelmäßig in der Teekenschool stattfindet. Ein Ensemble von zehn Mimen hat es sich hier zur Aufgabe gemacht, die Künstler und die Kunstwerke des Goldenen Zeitalters wieder zum Leben zu erwecken. Also kann man den alten Meistern über die Schulter blicken oder den Porträtierten dabei zusehen, wie sie aus den Rahmen ihrer Werke steigen und wieder zu Menschen aus Fleisch und Blut werden.

Adresse Hobbemastraat 25, 1071 XZ Amsterdam (Zuid) | **ÖPNV** Tram 2, 5, 12, Haltestelle Museumplein | **Google-Maps-Code** 9V5P+JC Amsterdam, Niederlande | **Netz** rijksmuseum.nl | **Tipp** ARTZUID ist eine Skulpturenbiennale im Freien. Näheres unter artzuid.nl.

90 Die Sauna Deco

Schwitzen in kunstvoller Umgebung

Sauna Deco ist die berühmteste Sauna Amsterdams. Möglicherweise zu Unrecht. Denn einen Gutteil ihres Ruhms verdankt sie der Tatsache, dass sie in vielen angelsächsischen Reiseberichten über die Stadt an prominenter Stelle auftaucht. Weil viele Leute, die von dort kommen, so fest entschlossen sind, in Amsterdam einen Hort der Verruchtheit zu sehen, dass sie sich durch nichts davon abbringen lassen. Am wenigsten durch Fakten.

Bis jetzt sind die Saunagepflogenheiten in Deutschland und den Niederlanden im wesentlichen identisch, das heißt, man geht *au naturel* in die Schwitzbude, dass sich Menschen beiderlei Geschlechts gleichzeitig der Hitze aussetzen, ist auch üblich. Und wenn man aus Gegenden kommt, in denen in der Sauna mindestens ein Neoprenanzug getragen wird, kann das schon verwirrend sein. Deshalb gibt es in angelsächsischen Kulturkreisen unzählige Blogs und Reiseberichte, die voll mit erschröcklichen Einzelheiten sind.

Wofür die Sauna Deco aber eigentlich gar nichts kann. Die Sauna befindet sich in einem Grachtenhaus, hinter dessen Mauern man steile Treppen und halbdunkle Kontore erwartet, aber nicht jene Opulenz, die die Sauna Deco hier bietet. Die Sauna ist im Art-déco-Stil eingerichtet. Manche meinen, sie atmet Pariser Flair, andere fühlen sich an die Szene aus dem Film »Titanic« erinnert, als Leonardo DiCaprio im Frack am Fuß der Treppe auf seine dralle Kate Winslet wartet. Auf jeden Fall sieht alles sehr opulent und schwelgerisch aus. Und es wird alles geboten, was man zum Saunieren bracht. Ein richtiges Schwimmbecken wäre noch toll, aber das hätte die Ausmaße des Grachtenhauses vermutlich gesprengt.

Die Sauna Deco ist seit 1979 in Betrieb, aber es gibt immer noch genug Amsterdamer, die gar nicht wissen, dass sie in ihrer Stadt so ein Kleinod haben. Trotzdem wäre es übertrieben, von einem Geheimtipp zu sprechen. Aber eine Empfehlung ist das »wärmste Wohnzimmer von Amsterdam« (Eigenwerbung) schon wert.

Adresse Herengracht 115, 1015 BE Amsterdam (Centrum) | ÖPNV Tram 2, 12, 13, 17, Haltestelle Nieuwezijds Kolk | Google-Maps-Code 9VGQ+GV Amsterdam, Niederlande | Netz saunadeco.nl | Tipp Das Badhuis (Javaplein 21, 1095 CJ Amsterdam) war früher mal ein Badehaus. Heute befindet sich hier ein Restaurant. Bisschen weiter weg vom Schuss, aber lohnt sich trotzdem.

91 Schiffmacher & Veldhoen

Körperkunstwelten

Henk Schiffmachers Tätowierladen ist eine Institution. Mehr noch: eine Legende. Er hatte sie alle. Kurt Cobain. Die Red Hot Chili Peppers. Die Jungs von Pearl Jam. Natürlich Herman Brood (siehe Ort 111). Und viele, viele andere auch. Sie alle ließen sich bei ihm ihre Tattoos stechen. Das Etablissement steht in dem Ruf, eines der besten Tätowierstudios der Welt zu sein, und es spricht ziemlich viel dafür, dass das stimmt. Schon die Illustrationen an den Wänden zeigen, dass man hier die Niederungen der Welt der Arschgeweihe meilenweit hinter sich gelassen hat. Und als wäre das nicht genug: Inzwischen hat die Bürgermeisterin (siehe Ort 4) den mittlerweile über Siebzigjährigen für sein Lebenswerk ausgezeichnet.

Die Schule hat Henk Schiffmacher nie besonders gereizt. Aus einer Metzgerfamilie stammend, wollte Henk ursprünglich Maler werden. Das macht er heute auch noch. Daneben reist er um die Welt, sammelt überall Exponate (solange sie nur irgendwas mit dem Tätowieren zu tun haben), hält Vorträge und sorgt dafür, dass man seiner Kunst und seinem Schaffen mit gehörigem Respekt begegnet. Manche meinen, auch Henk Schiffmacher habe mit seiner Tätigkeit bewirkt, dass Tätowierungen aus der Schmuddelecke gekommen und nun ein Teil der Mainstreamkultur seien.

Für Henk Schiffmacher ist Tätowieren ein altes Handwerk, in dem das Wissen ganz traditionell vom Meister an den Lehrling, der dann zum Gesellen reift, weitergegeben wird. Es gibt die Legende, dass Tätowierer erst an sich selbst und dann an Schweinefleisch üben. Das mag sein, aber Henk Schiffmacher ist kein Typ, dem man eine solche Frage stellt. Jedoch hat er nicht nur andere Leute verschönert. Er selbst ist ein wandelndes Kunstwerk und hat seinen Kompagnon Tycho Veldhoen mit ins Unternehmen genommen; auch Tochter Morrison ist im Hause tätig. Am gefragtesten sind immer noch die Klassiker. Erstens: tiefsinnige oder weniger sinnige Sprüche. Zweitens: Pin-ups, Rosen und Anker. Drittens: Vögel. Viertens: Namen.

Adresse Ceintuurbaan 416, 1074 EA Amsterdam (Zuid) | ÖPNV Tram 4, Haltestelle Ceintuurbaan | Google-Maps-Code 9W32+WR Amsterdam, Niederlande | Netz tattooing.nl | Tipp Bisschen moderner, bisschen trendiger, bisschen weiblicher ist Inkwithbubbles (Spuistraat 78, 1012 TW Amsterdam).

92_Das Skinlyft

Faziale Fitness gegen Falten

Amsterdam war immer ein Einfallstor für neue Trends, die hier quasi unter Laborbedingungen mit einem aufgeschlossenen und experimentierfreudigen Publikum ausprobiert wurden, bevor sie dann den Rest des Kontinents eroberten.

Einer dieser neuen Trends ist »Facial Fitness«, wo es darum geht, das Gesicht jünger und frischer aussehen zu lassen, allerdings ohne chirurgische Eingriffe und Folgen, wie sie der Einnahme des Schlankheitsmittels Ozempic zugeschrieben werden. Vielleicht kommt Face Yoga noch am nächsten an das ran, was bei Skinlyft betrieben wird.

Die Betreiber, die auf diverse Erfahrungen auf dem Gebiet der Körperpflege verweisen können, reklamieren für sich, den ersten Laden für »Facial Fitness« in den Niederlanden eröffnet zu haben. Das Ambiente ist, wie es sich für ein Start-up gehört, erst mal eher bescheiden. Das Unternehmen ist in einem ehemaligen Schulgebäude unterbracht, derzeit gibt es zwei Behandlungsstühle, zwei weitere sollen folgen. Das Motto des Hauses ist als Inschrift in der Eingangstür verewigt: Work that Face.

Die Master Minds von Skinlyft lernten diese besondere Methode der faszialen Fitness in London kennen. Es lohnt sich offenbar, wenn man immer und überall die Augen offen hält und sich mit neuen Moden auseinandersetzt. Obwohl, wer jetzt pingelig ist, könnte sagen: Die Augen offen halten ist ja irgendwie auch schon eine Form von Gesichtsmassage. Bei dieser höheren Form der Gesichtsmassage werden die Muskeln im Antlitz trainiert, was dann zu einem besseren Aussehen führt, was dann wieder eine positivere Selbstwahrnehmung mit sich bringt.

Natürlich ist für einen langfristigen Effekt regelmäßige Behandlung nötig, aber wer einfach mal bei einem besonderen Anlass nur ganz simpel ein bisschen mehr strahlen will als sonst, der findet hier auch Hilfe und Entspannung. Der Service wird nicht nur auf Holländisch, sondern auch auf Englisch angeboten.

Adresse Spuistraat 239, 1012 VP Amsterdam (Centrum) | ÖPNV Tram 2, 12, Haltestelle Paleisstraat | Google-Maps-Code 9VCQ+CQ Amsterdam, Niederlande | Netz skinlyft.nl | Tipp Simcha & Friends. Der beste »Krullenkapper« (Lockenspezialist) unter den Friseuren Amsterdams (Europaplein 121, 1079 AX Amsterdam).

93 Die Staalmeesterbrug

Die malerischste Brücke der Welt

Das Wort »Photo-Bombing« ist noch relativ neu. Es beschreibt den Vorgang, wenn sich Leute ungefragt in ein Bild drängen und so die Aufmerksamkeit auf sich ziehen. Als Technik hingegen ist »Photo-Bombing« Jahrhunderte alt. Zu den frühesten Meistern gehört die Staalmeesterbrug in Amsterdam, die sich seit vielen, vielen Jahren ungefragt ins Bild drängt, obwohl eigentlich ganz andere Dinge abgebildet werden sollten.

»Staal« bedeutet so viel wie Muster. Staalmeester waren Tuchhändler, die vor dem Einkauf anhand dieser Muster die Qualität der Ware prüften. In Amsterdam wurde die Gilde der Staalmeester so wohlhabend, dass sie sich immer von Rembrandt malen lassen konnte. Gemeinhin geht man davon aus, dass das Gemälde 1662 gefertigt wurde, obwohl auf dem Bild hinter dem Namen des Meisters die Jahreszahl 1661 steht. Das Bild hängt heute im Rijksmuseum, davor war es aber über hundert Jahre im Haus der Tuchmachergilde zu sehen, das sich ganz in der Nähe der Brücke befindet.

Dank des Bildnisses von Rembrandt bekam der Name Staalmester in Malerei-Kreisen einen so guten Klang, dass sich später auch eine Pinselfirma damit schmückte. Aus Richtung der Staalmeesterbrug hat man eine gute Aussicht auf die Zuiderkerk (Südkirche), die als Motiv bei vielen Künstlern beliebt war. Wer die Kirche konterfeien wollte, der musste auch die Brücke abbilden, da führte kein Weg dran vorbei. Und so hat man heute ein recht gutes Bild davon, wie die Staalmeesterbrug im Laufe der Jahrhunderte zu verschiedenen Tages- und Jahreszeiten ausgesehen hat.

Am bekanntesten ist das Bild, welches der französische Maler Claude Monet 1874 bei seinem Besuch in der Stadt anfertigte. In diesem Jahrhundert erregte die Brücke auf andere Manier Aufmerksamkeit: Als in der westlichen Welt die Mode aufkam, die Statik von Brücken durch unzählige »Liebesschlösser« zu testen, musste die Brücke zeigen, was sie alles aushalten kann.

Adresse Groenburgwal, 1011 HS Amsterdam (Centrum) | ÖPNV M51, 53, 54, Haltestelle Nieuwmarkt | Google-Maps-Code 9V9X+73 Amsterdam, Niederlande | Tipp Auf sehr moderne Art imposant ist die Python-Brücke (Panamakade 15, 1019 AX Amsterdam).

94 Staxi Lady

Frauen auf dem Fahrersitz

Amsterdams Taxi-Fahrer haben nicht bei allen einen guten Ruf. Aber was ihnen im Allgemeinen bestätigt wird: Sie haben ein wahnsinnig feines Gehör für die in den Niederlanden doch recht vielfältigen Dialekte und Akzente. Und wenn dann halt jemand von außerhalb kommt, kann er nicht immer davon ausgehen, dass er wirklich auf dem kürzesten Weg von A nach B befördert wird. Wie gesagt, das gilt beileibe nicht für alle, und wir wollen hier auch gar nicht weiter Vorurteile schüren, aber dass ihr Ruf besser sein könnte, das lässt sich schwerlich bestreiten.

Nun könnte man sagen, was soll's? Die meisten Leute – und in Amsterdam sowieso – bestellen sich ihren fahrbaren Untersatz bei Uber, aber es gibt eben auch Leute, die sich bei Uber nicht immer wohlfühlen, und wenn sie dann auch kein Taxi rufen wollten, dann standen sie halt ziemlich blöd da.

Bis zum Jahr 2020. Denn zu diesem Zeitpunkt kam Staxi Lady auf den Markt. Ob man Staxi Lady direkt mit einem Taxi-Unternehmen vergleichen kann, könnte man diskutieren, genauso gut könnte man von einem Chauffeur-Betrieb sprechen. Jedes Unternehmen, das auf sich hält, ist ja stolz darauf, einen USP – Unique Selling Proposition – zu haben, man könnte auch ganz schnöde auf Deutsch Alleinstellungsmerkmal sagen. Staxi Lady hat sogar zwei. Zum einen werden die Wagen ausschließlich von Frauen gefahren, und zum anderen gibt es einen Festpreis.

Die Idee zum Unternehmen kam dem Chef, als er in einer Untersuchung las, dass bis zu 43 Prozent aller Frauen mit einem mulmigen Gefühl in ein Taxi steigen, wenn ein Mann am Steuer sitzt. Ob das jetzt immer und überall so ist, sei dahingestellt, aber auf jeden Fall gibt es genug Kunden, die froh sind, dass es ein Angebot wie Staxi Lady gibt. Wer ein solches Gefährt buchen will, kann das entweder auf der Webseite tun oder an die Nummer +31/6/13069729 eine WhatsApp-Nachricht schicken.

Adresse Stationsplein, 1012 AB Amsterdam (Centrum) | ÖPNV Centraal Station | Google-Maps-Code 9WH2+M4 Amsterdam, Niederlande | Netz staxi.nl | Tipp Fahrradtaxis gibt es in Amsterdam natürlich auch. Näheres unter amsterdam-fietstaxi.nl.

95 Das STRAAT

Der Gral aller Graffiti-Künstler

Ob das jetzt noch immer so ist, weiß ich gar nicht, aber in den Nuller Jahren war Berlin eine Stadt, in der sich viele Holländer gerne mal ein paar Jahre rumtrieben. Da es in den Niederlanden (noch) keine Millionenstädte gibt, war allein die Größe der Stadt ein Anziehungsgrund, und nicht zuletzt ging ihr in den Jahren von Bürgermeister Wowereit und Eisbär Knut der Ruf voraus, doch irgendwie lockerer und entspannter als der Rest Deutschlands zu sein.

Zumindest gehörte David Ross zu denen, die nach Berlin kamen, um dort zu studieren. Und nachdem er ein paar Jahre in der deutschen Hauptstadt verbracht hatte, fiel ihm auf, welche große – nun ja – Rolle Graffiti im Stadtbild spielen.

Auch nach seiner Rückkehr in die Niederlanden ließ ihn seine Begeisterung für Graffiti nicht los. Was so mancher immer noch als größenwahnsinnige Schmiererei von Narrenhänden betrachtete, war in seinen Augen unzweifelhaft Kunst. Und Kunst braucht einen vernünftigen Rahmen. Also gründete er in Amsterdam STRAAT, das größte Street-Art-Museum der Welt. Auf einer Fläche von 8.000 Quadratmetern finden sich hier um die 160 Kunstwerke. Ungefähr 130 stammen von Künstlern, deren Name man in der Szene weltweit kennt, 20 Prozent aus heimischen Gefilden.

David Roos ist in seinem Haus Curator und Creative Director zugleich. Das heißt, er kann einerseits sammeln, was ihm bewahrenswert erscheint, aber zum anderen kann er auch Werke in Auftrag geben. Und wenn es sich anbietet, entstehen bei ihm die Kunstwerke vor Ort. Richtlinien oder Vorgaben für die Gestaltung gibt es dabei nicht.

Wenn David Roos gefragt wird, wie Besucher seine Ausstellung am besten genießen können, erklärt er: Sie sollen vor allem Zeit mitbringen. Graffiti werden bei ihm nicht ohne Grund in einem eigenen Ambiente präsentiert, wo wenig von den Arbeiten ablenkt. In vielen Städten nur Randerscheinung, stehen sie hier definitiv im Mittelpunkt.

Adresse NDSM-Plein 1, 1033 WC Amsterdam (Noord) | ÖPNV F 4, 5, 7, Haltestelle NDSM | Google-Maps-Code CV2V+VP Amsterdam, Niederlande | Netz straatmuseum.com | Tipp Im Flevopark (Zuiderzeeweg 1, 1095 KG Amsterdam) gibt es eine Graffiti Wall of Fame, wo weitere Arbeiten unter freiem Himmel zu sehen sind.

96 Die Suite 702

Die Ballade von John und Yoko

Der 25. März 1969 war ein Dienstag. Es war noch vor Mitternacht, als ein cremefarbener Rolls-Royce mit einer futuristischen TV-Antenne auf dem Dach vor das Hotelportal fuhr. Der Luxuslimousine entstiegen zwei Personen, die sich an der Rezeption als John und Yoko Lennon eintrugen. Sie kamen direkt aus Paris, wo sie unter anderem einen Flohmarkt besuchten. Zuvor hatten sie einen Zwischenstopp in Gibraltar eingelegt, wo Lennons Büroleiter Dan Brown ihre Hochzeit organisiert hatte. Der Aufenthalt in Amsterdam war Teil ihrer Flitterwochen.

Die Lennons hatten im Hilton die Präsidentensuite im neunten Stock für eine Woche gebucht. Das kostete pro Nacht 218 Gulden, was damals ein stolzer Preis war. Doch die Lennons waren nicht nur zu ihrem Vergnügen in der Grachtenstadt. Die Hotelleitung hatte ihnen im Flowershop Ivy (siehe Ort 42) Rosen, Narzissen, Hyazinthen und selbstverständlich Tulpen organisiert. An den Wänden und Fenstern waren Blätter mit teils naiven, teils infantilen Losungen drapiert. Dazwischen saßen John und Yoko in Nachtgewändern und hielten vor der versammelten Presse Hof. Die Atmosphäre hatte etwas von Kindergeburtstag und Pyjama-Party, aber die beiden Popstars erklärten den Journalisten, dass es sich um eine Protestaktion gegen den Vietnamkrieg handelte.

Nach einer Woche reisten die beiden wieder ab. Die Amsterdamer Periode wurde Teil des Sagenschatzes der Popmusikwelt, und da blieb sie auch über lange Zeit unbehelligt. Doch 2019, anlässlich des 50. Jahrestages, begann die Hotelkette, mit dem Ereignis und den Räumlichkeiten zu werben. Führten die Gemächer damals noch die Zimmernummer 902, konnten sie von nun an als Suite 702 von Lennon-Fans und solchen, die es werden wollten, gebucht werden. Laut Rezeption werden derzeit für eine Übernachtung um die 2.000 Euro aufgerufen. Es gibt wenige Nächte, in denen die Suite leer steht. Wie John Lennon schon sagte: »A working class hero is something to be.«

Adresse Apollolaan 138, 1077 BG Amsterdam (Zuid) | ÖPNV Tram 5, 12, Haltestelle Gerrit van der Veenstraat | Google-Maps-Code 9V2C+HR Amsterdam, Niederlande | Tipp Das Lieblingshotel von John und Yoko in Tokio war das Okura, von dem es auch eine Niederlassung in der Stadt gibt (Ferdinand Bolstraat 333, 1072 HH Amsterdam). Übrigens: Als Paul McCartney 1980 im Tokio-Okura in der Lieblingssuite von John & Co. übernachten wollte, wurde er am Flughafen wegen Drogenbesitz verhaftet.

97 Das Tilla Tec (Ex-De School)

Non scholae, sed vitae discimus

Also gut. Widmen wir uns dem Thema Amsterdamse School. Die Amsterdamer Schule ist ein Baustil …

Was? Oh … Gut, fange ich noch mal an. De School in Amsterdam war eine Disco. Jahrelang gehörte sie unterm Partyvolk zu den ganz, ganz wichtigen Adressen. Wie das Studio 54 in New York oder das Berghain in Berlin. Der Club öffnete 2016 seine Türen und gehörte zu den wenigen Etablissements in der Stadt, die rund um die Uhr das Publikum bespaßen durften, eine Genehmigung, deren Wert sich nur näherungsweise in Geld ausdrücken lässt. Neben einem Tanzboden gab es hier auch Cafés und andere Vergnügungen.

Im Laufe der Jahre wurde De School viel gerühmt, aber auch gescholten. Im Umfeld von *Black Lives Matters* wurde den Machern vorgeworfen, nicht genügend auf Diversität und verwandte Themen zu achten. 2020 kam es zu einer ersten Schließung. 2022 dann zur Wiedereröffnung, Anfang 2023 war nach einem 24-Stunden-Tanz-Marathon endgültig Schluss.

Was aus dem Gelände in der Zukunft werden soll, ist noch nicht ganz klar. Von Wohnungsbau ist die Rede. Im April 2024 wurde an selbem Ort Tilla Tec eröffnet, eine Einrichtung, die das Thema Diversität definitiv ernst nimmt und sich auch anderweitig vom berühmten Vorgänger unterscheidet. Es gibt hier nicht nur Partys, sondern auch Frühschoppen, Workshops und Gelegenheiten, bei denen sich neue Talente ihrem Publikum präsentieren können. Das wird wohl alles auch recht gut angenommen, aber bis das Tilla Tec so legendär wird wie der Vorgänger, das wird wohl noch eine Weile dauern.

Der Name De School rührt daher, dass der weltberühmte Club in einer ehemaligen Berufsschule untergebracht war. Die wurde in den 1960er erbaut und sah genauso aus, wie man sich eine in den 1960er Jahren erbaute Berufsschule vorstellt. Aber bei bestimmten historischen Orten ist der Mythos und die Legende bei Weitem wichtiger als das architektonische Ambiente. So auch hier.

Adresse Doctor Jan van Breemenstraat 1, 1056 AB Amsterdam (West) | ÖPNV Tram 13, Haltestelle Admiraal Helferichstraat | Google-Maps-Code 9RCV+8G Amsterdam, Niederlande | Netz tillatec.com | Tipp Auf hetarchief.deschoolamsterdam.nl können De-School-Fans in alten Zeiten schwelgen und virtuelle Rundgänge durch das Gebäude machen.

98_Tommy Page

Le style est l'homme

Wie es sich für einen Wallfahrtsort in einer Szene gehört, die vor allem aus Eingeweihten besteht, ist er bei Nicht-Eingeweihten so gut wie unbekannt. Hornets, im »Königlichen Bezirk von Kensington«, ist das Mekka aller Männer, die auf Vintage Mode stehen, die sich so kleiden wollen, wie es in den Jahren zwischen 1920 und 1950 als erstrebenswert bei alle jenen galt, die Klasse, Stil und das nötige Kleingeld hatten.

Die beiden Grundsätze des von Billy Hornet gegründeten Ladens lauten: »Not Fashion, Style« (was eine Variation der von Coco Chanel vertretenen These »Mode veraltet, Stil nicht«) ist und die Aufforderung: »See it, touch it, try it on.«

Tommy Page gilt in Amsterdam als der Mann Hornets vor Ort. Gewissermaßen ein Markenbotschafter, der in seinem Laden, der einen Mix aus Geschäft und Museum darstellt, Vintage Mode vom Feinsten präsentiert.

Um all die Details an den Klamotten bis ins Letzte zu würdigen, muss man Kenner sein, aber Tommy Page ist Neukunden gern dabei behilflich, ihre Wissenslücken zu füllen. Für viele Kunden ist allein schon die Anprobe eine neue Erfahrung. Sie erblicken ein Spiegelbild, dass ihnen nie vorher entgegenstrahlte. Sie fühlen sich anders, und natürlich werden sie auch von anderen anders wahrgenommen. Allerdings muss man den Stil auch verkörpern wollen.

Tommy Page trägt den Stil, den er anbietet, auch selbst. Seine Mutter ist Niederländerin, sein Vater Engländer, was ja schon genetisch eine gute Voraussetzung dafür ist, Prinzipien, Präsenz und Posture der englischen Herrenmode in die flachen Lande zu tragen. Bevor er seinen eigenen Laden eröffnete, arbeitete Tommy Page bei verschiedenen Mode-Unternehmen, von Vivienne Westwood bis Tommy Hilfiger, aber der Traum vom eigenen Geschäft war immer da. Und als ein Kumpel einen Laden zu vermieten hatte, nutzte er die Gelegenheit und schlug zu.

Adresse Prinsenstraat 7, 1015 DA Amsterdam (Centrum) | **ÖPNV** Tram 2, 12, 13, 17, Haltestelle Dam | **Google-Maps-Code** 9VHP+3V Amsterdam, Niederlande | **Netz** tommypage.nl | **Tipp** Für die Pflege des passenden Schuhwerks: Vakschoenmakerij Stadionweg. Die Betreiber sind zwar etwas muffelig, waren in ihrer Branche aber schon mal Europameister.

99_Das Torpedo Theater

Theater, Texte & leise Töne

Torpedo ist eine alte holländische Reiseschreibmaschinen-Marke. Und danach wurde ein kleines, feines literarisches Magazin benannt, welches in unregelmäßigen Abständen bei verschiedenen Verlagen erschien, aber leider nie das große Publikum fand, das es verdient gehabt hätte. Wenn man nicht hochliterarisch verstiegen oder einfach nur laut und grell ist, dann hat man es nicht leicht in dieser Welt.

Da aber die Texte und Ideen dennoch zu ihrem Publikum finden sollten, wurde aus dem Torpedo-Magazin das Torpedo Theater. Die Macher werben damit, das kleinste Theater von Amsterdam zu betreiben, was sehr glaubwürdig wirkt, wenn man erfährt, dass hier einst einmal ein Puppentheater zugange war. Die ursprüngliche Bühne war nicht größer als die kleinen runden Fenster, durch die früher auf den Bahnhöfen Fahrkarten verkauft wurden. Auf jeden Fall herrscht in den Räumen eine gesellige, freundliche Atmosphäre, die man auch genießen kann, wenn man der niederländischen Sprache nicht mächtig ist und eigentlich gar keinen Bock auf literarische Unterhaltung hat. Denn im Torpedo Theater geht es vor allem darum, Spaß zu haben und eine gute Zeit miteinander zu verbringen. Weshalb die Örtlichkeit bislang noch in keiner Theater-Statistik führt, aber bei einer Umfrage nach der gemütlichsten Kneipe schon mal den ersten Platz belegt hat.

Es gibt Auftritte von Sängern/Songwritern, die gut in das Ambiente passen, auch Länderabende, Informationsabende »Rund um die Wurst« (ja, das ist nicht ganz ernst gemeint), aber auch Programme, die für Touristen und Zugereiste interessant sind. Nach dem Motto: »When Anne Frank met Rembrandt«, wo die beiden berühmtesten Bewohner aufeinandertreffen und sich – auf Englisch – über die Geschichte ihrer Heimatstadt austauschen. Autor und Präsentator Jaap Vriend nutzt die Begegnung der beiden für einen Blick auf die Stadt, der sogar Einheimischen neue Perspektiven eröffnet. Und Besuchern sowieso.

Adresse Sint Pieterspoortsteeg 33, 1012 HM Amsterdam (Centrum) | **ÖPNV** M52, Haltestelle Rokin | **Google-Maps-Code** 9VCV+HV Amsterdam, Niederlande | **Netz** torpedotheater.nl | **Tipp** Theater De Richel (früher Betty-Asfalt-Complex, Nieuwezijds Voorburgwal 282, 1012 RT Amsterdam) ist eine legendenumwobende Kleinkunstbühne.

100 Das Tuschinski

Mehr als hundert Jahre Kino-Geschichte

Es war im Jahr 2021, da wurde das Tuschinski in Amsterdam zum schönsten Kino der Welt gekürt. Okay, vielleicht nicht der ganzen Welt, aber immerhin doch von Europa, Afrika und dem Nahen Osten. Und das ist ja auch ein ganz schön großer Anteil der Welt. Und auch wenn das Verleihungsjahr 2021 ziemlich deutlich nach Marketing-Gag riecht, um nach der Pandemie wieder Leute in die Kinos zu kriegen, brauchte man mediale Aufmerksamkeit, Aufmerksamkeit, Aufmerksamkeit. All das ändert nichts an der Tatsache, dass das Tuschinski ein schönes Kino im Art-déco-Stil ist, das lange als Einzelkämpfer überlebte, aber nun zur Pathé-Kinokette gehört, wo man sich wahrscheinlich mittlerweile fragt, weshalb man vor Jahren gleich um die Ecke ein paar konkurrierende Kinosäle hochzog.

Abraham Tuschinski wurde 1886 in einer polnischen Kleinstadt bei Lodz geboren. Eigentlich wollte er nach Amerika auswandern, blieb dann aber in den Niederlanden hängen, wo er ein Filmtheater nach dem anderen eröffnete. Während der deutschen Besatzung verlor Tuschinski all seine Kinos, er wurde im Lager Westerbork interniert, dann nach Auschwitz deportiert, wo er 1942 ermordet wurde.

Seit seiner Eröffnung im Jahre 1921 diente das Tuschinski oft als Premierenkino. Unbestrittener Höhepunkt dürfte der Besuch von Audrey Hepburn 1954 gewesen. Spätestens nach »Ein Herz und eine Krone« (»Roman Holiday«) war Audrey Hepburn ein Weltstar. Nun kam sie nach Amsterdam, um ihren neuen Film Sabrina vorzustellen. Es wurde zu einer Reise in die Vergangenheit. Hepburn, wie der große belgische Charakter-Mime Jean-Claude Van Damme in Brüssel geboren, hatte den Zweiten Weltkrieg in Holland verbracht. Sie traf sich mit ihrer alter Ballett-Lehrerin und versuchte sich im Modehaus Gerzon als Verkäuferin. Dort war sie einst als Mannequin über den Laufsteg gelaufen.

Adresse Reguliersbreestraat 26–34, 1017 CN Amsterdam (Centrum) | ÖPNV Tram 4, 14, Haltestelle Rembrandtplein | Google-Maps-Code 9V8V+JV Amsterdam, Niederlande | Netz pathe.nl/bioscoop/tuschinski | Tipp Im Doelen Hotel (Nieuwe Doelenstraat 26, 1012 CP Amsterdam) stieg Audrey Hepburn während ihres Besuches ab. Und nicht nur sie. Auch die Beatles machten hier während ihrer ersten Tournee durch Holland Station.

101 Die unbekannte Kneipe

Kein Ort, nirgends

Zeit für Geständnisse. Selbstverständlich gibt es in Amsterdam viel mehr als 111 Orte, die man gesehen haben muss. Weshalb sich die werte Leserschaft sich hiermit nach Kräften ermuntert fühlen sollte, auch auf eigene Faust Entdeckungen zu machen. Aber das ist noch nicht alles. In diesem Buch sind nicht mal alle sehenswerten Lokalitäten enthalten, die der Autor kennt. Einige wurden sogar bewusst weggelassen. Und zwar weil die Leute vor Ort darum baten.

Denn auch im Zentrum – in anderen Teilen der Stadt sowieso – gibt es Kneipen – meist als »bruine kroeg« bezeichnet –, wo man weder das Interesse von Touristen wecken will, noch auf ihre Gesellschaft gesteigerten Wert legt. Es ist im ersten Moment nachvollziehbar, wenn so eine Reserviertheit Empörung auslöst. Etwa so: »Ich bin Gast in der Stadt. Ich komme mit guten Absichten. Ich bin bereit, mein hart erarbeitetes Geld hier auszugeben. Warum sollte es dann Ecken geben, in denen ich nicht willkommen bin. Das kann doch gar nicht sein!«

Ist es aber. Die Erklärung ist relativ einfach. Denn auch mit seinen putzigen Giebelchen und malerischen Grachten ist Amsterdam trotz aller Pittoreskheit eine Stadt, in der ganz normaler Alltag gelebt wird. Und nicht jeder Einheimische fühlt sich in jedem Moment seines Lebens dazu verpflichtet, als namenloser Kleindarsteller in irgendeiner Insta-Story zum Image – man könnte auch sagen: Klischee – der Stadt beizutragen.

Sollten Sie also auf einer Ihrer Expeditionen auf eigene Faust in so einem Laden aufschlagen, folgen Sie einfach Ihrem Gefühl. Fühlen Sie sich willkommen, bleiben Sie. Wenn nicht, gehen Sie einfach. Es ist nicht persönlich gemeint. Wie schon Nietzsche wusste: »Unser Glaube an andre verrät, worin wir gerne an uns selber glauben.« Amsterdam ist es seit endlosen Zeiten gewohnt, Ziel von allen möglichen Gestalten zu sei, die ihre Träume und Sehnsüchte in die Stadt tragen, ohne sich dabei ein Jota um die Befindlichkeit der Eingeborenen zu kümmern. Da möchte man sich einfach ein paar Freiräume bewahren.

Tipp Das Café De Pels (Huidenstraat 25, 1016 ER Amsterdam). Hier ist die Bezeichnung Kultcafé vollauf berechtigt.

102 The Upside Down

Wo die Welt Kopf steht

Da Amsterdam den Ruf hat, weltweit zu den coolsten Städten zu gehören, eignet es sich natürlich hervorragend für Leute, die noch einem geeigneten Hintergrund für ihre Selbstdarstellung brauchen. So ist es nicht überraschend, dass die Stadt immer wieder YouTuber und Influencer – gerne auch aus Amerika – anzieht, die, nachdem sie in der Stadt aufgeschlagen sind, ihre Follower darüber auf dem Laufenden halten, was sie gerade machen.

Dass sich ihre Aktivitäten von denen eines Durchschnittstouristen (Bootsfahrt durch die Grachten, verschämter Blick ins Rotlichtviertel) nullkommanichts unterscheiden, hindert die Claqueure nicht daran zu verkünden, wie wahnsinnig cool das alles sei. Aber auch diejenigen, die nicht nur bewundern, sondern sich selbst inszenieren wollen, finden in der Stadt viele abwechslungsreiche Möglichkeiten.

Das Upside Down war das dritte Instagram-Museum in der Stadt. Begründet wurde es von der Influencerin Anna Nooshin, und man kann an dem Konzept bewundern, wie sauber alles in einander getaktet ist. Auf Instagram berichtet Anna, was im Upside Down so alles läuft, und zeigt Leute, die sich im Laden für ihre eigenen Insta-Storys inszenieren.

Das Upside Down hat über ein Dutzend Räume, wie der Name verspricht steht meist alles kopf, ist überlebensgroß und ziemlich bunt. Die Eintrittskarten sind nicht billig, aber davon hat man dann auch etwas, mit dem man andere Leute neidisch machen kann, und mit etwas Glück kommt man auch in einer Story von Anna vor. Nörgler könnten einwenden, dass das Upside Down genauso gut in Bielefeld oder Boston stehen könnte, ohne an Reiz zu gewinnen oder zu verlieren. Aber dass die Selfies von den üblichen Duckfaces in Amsterdam entstanden – einem Ort, der ja zu den coolsten Flecken auf diesen Planeten gehört –, verleiht ihnen dann doch etwas mehr Gewicht.

Adresse Europaboulevard 5, 1079 PC Amsterdam (Zuid) | ÖPNV Tram 3, 14, 24, Haltestelle Europaplein | Google-Maps-Code 8VQV+W4 Amsterdam, Niederlande | Netz the-upsidedown.com | Tipp Das Youseum (Weesperzijde 150, 1097 DS Amsterdam) fällt in eine ähnliche Kategorie.

103 Das Volkshotel

Stop the Press!

Im Vergleich zu hiesigen Produkten sind die Zeitungen in den Niederlanden kleiner und teurer. Aber dennoch können sie sich nicht gegen den weltweiten Trend stemmen. Auch die holländische Presse musste umdenken und sich neu positionieren, weshalb die »Volkskrant« (Volkszeitung) 2007 aus dem Zentrum an den Jacob Bontiusplaats zog, wo bereits schon »Het Parool« und »Trouw« ihr Quartier aufgeschlagen hatten. Aus dem ehemaligen Redaktionsgebäude wurde das »Volkshotel«.

Allerdings wurde das erst 2014 eröffnet. Vorher zog im siebten Stock, in der ehemaligen Redaktionskantine, das »Canvas« ein, ein sogenannter Brutplatz für kreative Köpfe, der in der Anfangszeit von einer Bank gesponsert wurde. Und als die Kreativen das ganze Gebäude als Hotel übernahmen, wollte man natürlich selbst als Herberge etwas Besonderes sein. Einigen Zimmern ist heute noch anzusehen, dass sie einst Redaktionsbüros waren, und unten neben dem Eingang gibt es Cafés und andere gastronomische Einrichtungen, die bewusst nicht nur für das Stammpublikum offen sind. Die Betreiber betonen, dass der heutige Hotelgast mehr will als ein Zimmer zum Schlafen, und es außerdem nicht gut ist, wenn Gäste und Einheimische streng separiert werden. Das kann man durchaus als ein bisschen zu gewollt und inszeniert betrachten, viele potenzielle Hotelgäste suchen vermutlich derzeit eher nach Airbnb als nach einer trendigen Kammer. Und was die Anwohner betrifft, es gibt unbestritten immer mal Klagen, weil der Lärmpegel im Bereich des Hotels höher als in der sonstigen Nachbarschaft ist. Aber der große Vorteil dieser Gegend um die Wibautstraat ist eben, dass hier auch oft – und in den Sommermonaten ganz besonders – emsige Amsterdamer Wuseligkeit herrscht, aber die Atmosphäre weit weniger touristisch, sondern eher studentisch geprägt ist. Hier kommt man unter Leute und hat mit etwas Glück tatsächlich Gelegenheit, mit Einheimischen zu sprechen.

Adresse Wibautstraat 150, 1091 GR Amsterdam (Oost), www.volkshotel.nl | **ÖPNV** Tram 3, Haltestelle Wibautstraat | **Google-Maps-Code** 8VQV+W4 Amsterdam, Niederlande | **Netz** volkshotel.nl | **Tipp** Der Club Doka (im Keller des Hotels), selbe Adresse. Hier gingen so einige hippe Partys übers Parkett.

104 Das Wakuli

Alles andere als kalter Kaffee

Als ehemalige Kolonialmacht haben die Niederlande natürlich eine lange Tradition, was die früher sogenannten Kolonialwaren betrifft. Vor allem in Sachen Kaffee, Tee und Kakao wurden im Laufe von Jahrhunderten Erfahrungen angehäuft. Gerade was Kaffee angeht, gibt es in Amsterdam unzählige Angebote, was auch deshalb nicht verwundert, weil die Stadt in Holland immer noch als Kaffee-Hauptstadt gilt. Aber das heißt ja nicht, dass man nicht hin und wieder mal was Neues ausprobieren kann.

Wakuli heißt eine noch relativ junge Kette, die hier erst ein paar Filialen eröffnet hat. Der Name Wakuli kommt aus dem Suaheli und steht – aber das weiß ja mittlerweile jeder – für Bauer und Landwirt und hat in Gegenden, wo eine umfassende Versorgung mit Lebensmitteln beileibe nicht verständlich ist, einen guten Klang. Die drei Gründer (zwei Männer, eine Frau – alle so in den Dreißigern) kennen als Landwirtschaftsexperten die Lage vor Ort.

Bei Wakuli geht es um mehrere Ziele. Zum einen sollen die Amsterdamer möglichst guten Kaffee trinken können. Außerdem soll das Image der Bohnen mehr an die Realität angepasst werden und nicht zuletzt die Verbindung zwischen Verbraucher und Erzeuger enger und transparenter werden.

Als Soundtrack im Hintergrund läuft bei Wakuli auch mal die Spotify-Liste einer Kaffeebäuerin aus Kenia, die Läden sind farbenfroh eingerichtet: Der Fußboden himmelblau, die Wände rosa, türkis oder gelb – alles andere als skandinavisch unterkühlt oder italienisch gestylt, weil eben Kaffee aus Ländern kommt, die bunter sind.

Die Dekoration der Kaffeebar besteht aus recycelten Kaffeesäcken. Die Stärke der Barristas besteht nicht darin, dass sie Muster in den Schaum sprühen können, sondern darin, dass sie jede Menge über die Bohne wissen. Dieses Wissen wird auch gern geteilt, denn die Leute sollen bei Wakuli nicht nur guten Kaffee trinken, sondern auch lernen, wie man ihn zu Hause zubereitet.

Adresse Haarlemmerplein 43, 1013 HS Amsterdam (Centrum) | **ÖPNV** Centraal Station | **Google-Maps-Code** 9VMJ+VX Amsterdam, Niederlande | **Netz** wakuli.com | **Tipp** Das Gegenkonzept: Starbucks The Bank (Utrechtsestraat 9, 1017 CV Amsterdam), angeblich der größte Europas.

105 Der Wertheimpark

Eine Oase der Stille

Machen wir uns nichts vor: Amsterdam ist eine laute Stadt. Ständig macht jemand irgendwo Krach. Hupen, Dröhnen, Krachen, Rasseln, Lärmen, Scheppern, Prasseln und dann immer wieder dieses monotone Fiepen, da kann es einem so vorkommen, als würde die ganze Stadt rückwärts einparken. Nicht ohne Grund wurde hier das Glockenspiel erfunden, und sein entfernter sadistischer Verwandter – die schrecklich lärmende Drehorgel – wohl auch.

Die Haltung der Einheimischen zum Lärm ist stoisch. Wer den Krach nicht aushält, soll halt nicht kommen. Aber natürlich braucht auch der lärmresistente Amsterdamer Phasen der Ruhe. Wer im Grachtengürtel wohnt und es sich leisten kann, zieht sich – wenn alles mal wieder zu viel wird – auf seinen Landsitz in der Hoge Veluwe in der Provinz Overijssel zurück.

Aber es gibt in der Stadt einige Oasen der Stille. Ehrlich gesagt sogar so viele, dass die Auswahl gar nicht leichtfällt. Der Funenpark, der Begijnhof oder der Harmoniehof bieten alle Ruhe, auch der Park des Französischen Kulturinstituts ist sehr schön, aber leider nur nach Absprache zugänglich. Am Ende fällt die Wahl auf den Wertheimpark, weil er als einziger großer Park im Stadtteil Centrum liegt.

Der Wertheimpark ist gut zu erreichen und hat ein beeindruckendes Eingangstor. Sowie man dieses Tor durchschritten hat, scheint man eine andere Welt zu betreten. Wäre da nicht der manchmal viel zu viele Müll, wähnte man sich auf dem Land. Zu den Sehenswürdigkeiten im Inneren gehören ein großer Springbrunnen und das 1993 errichtete Auschwitz-Monument. Der Park ist nach dem jüdischen Philanthropen und Bankier Abraham Carel Wertheim benannt. Während der deutschen Besatzungszeit beschloss der Amsterdamer Bürgermeister am 14. August 1942, dass dieser Name nicht mehr zeitgemäß sei. Deshalb hieß die Anlage bis zum Kriegsende Tuinpark (Gartenpark). 1945 erhielt er seinen alten Namen zurück.

Adresse Anne Frankstraat 172, 1011 SX Amsterdam (Centrum) | ÖPNV Tram 14, Haltestelle Artis | Google-Maps-Code 9W95+3H Amsterdam, Niederlande | Tipp Der Park Frankendael: ein Landgut etwas weiter draußen. Nähere Infos gibt unter amsterdam.nl/toerisme-vrije-tijd/parken/park-frankendael.

106_Der Wijnhandel Logie

Alter Wein in ganz alten Fässern

De Logie ist der älteste Weinhändler von Amsterdam. Das Geschäft begann vor über 175 Jahren am Muntplein. In dem Laden in der Beethovenstraat sitzt das Unternehmen seit dem 20. Jahrhundert.

Mittlerweile ist in dem Familienbetrieb die sechste Generation am Start. 2010 übernahm Suzanne van Broekhuizen gemeinsam mit Geschäftspartnern die Unternehmensführung von ihrem Vater. Den prägenden Einfluss des Mannes spürt man noch heute in jeder Ecke. Im Weinkeller unter dem Verkaufsraum kleben an den Wänden Zettel, auf denen sich der Vater Notizen zu diversen Weinsorten gemacht hat. Über dem Verkaufstresen hängt eine Fotografie, die den Patriarchen zeigt, wie er mit Kennermiene eine Weinkarte studiert.

Ungefähr zu der Zeit, als Suzanne van Broekhuizen auf die Welt kam, versah Vater Daniel das Geschäft mit den Vorzügen, die es noch heute ausmachen. De Logie beliefert Hotels und Restaurants, hat unter Weinkennern einen festen Kundenkreis und kann die Klientel immer wieder mit neuen Sorten überraschen.

Ursprünglich wollte der Vater nicht, dass die Tochter in seine Fußstapfen tritt. Suzanne ging zur Polizei. Es wäre eine hübsche Pointe gewesen, wenn man berichten könnte, dass in ihrer Amtszeit mehreren gefürchteten Weinpanschern das Handwerk gelegt wurde, aber so pointenreich ist das Leben dann meist doch nicht. Suzanne van Broekhuizens Spezialgebiet bei der Polizei war die organisierte Kriminalität, im Geschäft half sie nur in den Ferien aus. Das machte ihr viel mehr Spaß, als der werte Herr Papa ahnte. Und als sie sich schließlich entscheiden musste – Trauben oder Trouble –, entschied sie sich für das Geschäft.

Genau wie ein guter Wein hat auch ein Weingeschäft einen eigenen Charakter. Bei De Logie gibt es nur europäische Weine, wo man über die Anbaugebiete in Frankreich, Italien oder Rheinland-Pfalz so viel wie möglich weiß. Die Weine in den Regalen kosten zwischen 7,50 und 750 Euro, da sollte für fast jeden was dabei sein.

Adresse Beethovenstraat 27, 1077 HM Amsterdam (Zuid) | ÖPNV Tram 5, 24, Haltestelle Stadionweg/Beethovenstraat | Google-Maps-Code 8VXH+M2 Amsterdam, Niederlande | Netz delogie.nl | Tipp Zum Barbarossa (Voetboogstraat 1, 1012 XK Amsterdam) ist eine ehemalige Flüsterkneipe aus dem frühen 20. Jahrhundert, die jetzt als Austernbar wiedereröffnet wurde.

107_Die Windmühle im Amstelpark

Der beste Freund von Don Quijote

Windmühlen sind in Holland mindestens seit 1180 bekannt. Von den klassischen holländischen Windmühlen, die wie Türmchen aussehen und milliardenfach auf Postkarten und in Reiseprospekten abgebildet wurden, gibt es nicht mehr allzu viele (manche sagen, insgesamt stehen nur noch vier). Eine der letzten Überlebenden residiert im Amstelpark.

Es war die Dampfmaschine, welche den Windmühlen den Garaus machte, aber bis zu ihrem Niedergang waren sie ausgetüftelte Wunderwerke der Technik (nach dem damaligen Stand natürlich), die stets verfeinert wurden. Die Rotorblätter wurden immer weiter verbessert, dann kam man auf die Idee, die Mühle auf eine Achse zu stellen, sodass man sie immer in die Richtung ausrichten konnte, aus der der Wind blies. Und wenn einem gar nichts anderes einfiel, konnte man immer noch wie weiland Don Quijote mit einer Lanze auf Windmühlen losstürmen und gucken, was dann passierte.

Meistens passierte nichts. Selbstredend wurde mit Mühlen alles Mögliche gemahlen, aber in Holland kamen sie auch deshalb so häufig vor, weil sie zudem eine andere Aufgabe übernahmen, die fast genauso wichtig wie Brot war. Die Mühlen betrieben Pumpen, mit denen das Land trockengelegt wurde. In der Gegend um Zaan (das ist ein Städtchen im Norden von Amsterdam, auf dem schmalen Landstreifen, der hoch zu den Friesischen Inseln zeigt) wimmelte es damals von Windmühlen. Es schien keine Arbeit zu geben, für die sich die Windfänger zu schade waren. Mühlen sägten das Holz, welches aus Skandinavien für den Schiffbau importiert wurde. Mühlen zermahlten Lumpen für die Papierindustrie. Mühlen zermalmten Leinsamen, um Öl zu produzieren für die Färbereien. Mühlen legten die Polder trocken. Und natürlich machten sie auch das, wofür sie eigentlich bekannt waren: Sie mahlten Mehl.

Adresse De Borcht 10,1083 AC Amsterdam (Zuid) | ÖPNV Bus 62, Haltestelle Weerdestein | Google-Maps-Code 8VFV+JG Amsterdam, Niederlande | Tipp De Tuin van Jan (Jan Maijenstraat 17, 1056 SE Amsterdam) ist gar nicht so weit draußen. Hier gibt es Gartenlektionen und nicht nur Stille, sondern S-s-stille.

108 Der Winkel 43

Käsekuchen, konkurrenzlos

Die Fakten sind simpel. Seit 1983 gibt es im Winkel 43 *appeltaart* (Apfelkuchen), gerne mit *slaagroom* (Schlagsahne), *koffie verkeerd* (Milchkaffee), und da gehört natürlich auch ein *koekje* dazu.

Und jetzt kommt's. Seit gefühlt ewigen Zeiten wabert durch die Welt des Internets die Info, dass es im Winkel 43 – und nur im Winkel 43 – den besten Apfelkuchen der Stadt gibt. Und wenn je eine Botschaft die Massen erreicht hat, dann diese. Die Schlangen vor dem Laden sind lang. Die Leute warten geduldig. Und sie haben auch keine andere Wahl: Im Winkel 43 kann nicht reserviert werden, nur wer einen ganzen Apfelkuchen mit nach Hause nehmen möchte, der sollte mindestens einen Tag vorher eine E-Mail schicken oder die Telefonnummer +31/206230223 anrufen. Dann wird die Bestellung entgegengenommen.

Wenn es Webseiten ganz gut mit dem Publikum meinen, werden hier auch Apfelkuchenrezepte – original aus dem Winkel 43 – veröffentlicht, die natürlich unbedingt nachgebacken werden müssen, denn im Winkel 43 – habe das schon erwähnt – gibt es den besten Apfelkuchen der Stadt.

Nicht, dass wir uns falsch verstehen. Der Apfelkuchen vom Winkel 43 schmeckt sehr gut. Meinethalben ist er auch der Beste der Stadt. Aber am meisten bewundere ich den Menschen, der die Story in die Welt gesetzt hat. Der hätte auch als Religionsstifter gute Karten gehabt. Vermutlich stammt die Geschichte noch aus den Zeiten, in den Publikationen wie »Lonely Planet« als die Bibel der Individualreisenden galten. Und – nach direkter Rücksprache mit dem Winkel 43 bin ich ermächtigt zu verkünden: Die angeblichen »Original-Rezepte« des Apfelkuchens, die durch das Netz schwirren, sind alle Quatsch. Mit etwas Glück sind es stinknormale Rezepte, wie man sie in jedem Kochbuch findet. Der Winkel 43 würde niemals sein Erfolgsrezept online stellen. Was sich da im Netz findet, ist im günstigsten Fall gut gemeint – oder einfach Clickbait. Isso.

Adresse Noordermarkt 43, 1015 NA Amsterdam (Centrum) | **ÖPNV** Centraal Station | **Google-Maps-Code** 9VHP+JG Amsterdam, Niederlande | **Netz** winkel43.nl | **Tipp** Vlaams Friteshuis Vleminckx (Voetboogstraat 33, 1012 XK Amsterdam): Hier gibt es die besten Fritten der Stadt. Ja, was denn sonst?

109 Der Wolkenkrabber

Das Hoch-Häuschen

Das aus der Vogelperspektive hufeisenförmige Herz der Stadt Amsterdam mit seiner einheitlichen Traufhöhe, die nur hier und da von ein paar Kirchen durchbrochen wird, ist nicht nur den Einheimischen lieb und teuer. Und doch gab es immer wieder Bemühungen, die Silhouette der Stadt mit Hochhäusern zu »bereichern«. Der erste Versuch fand vor über 80 Jahren im Süden statt. Hier wurde nach Plänen des Architekten Jan Frederik Staal Ende der 1920er Jahre ein neues Haus gebaut. Es sollte 46 Meter hoch sein und zwölf Etagen haben. Und da diese Höhe für die damalige Zeit atemberaubend war, bekam das Werk schon während der Bauzeit den Spitznamen »Wolkenkrabber«, was das niederländische Wort für Wolkenkratzer ist. Die Stimmung war gespalten.

Die einen fragten bang, ob denn das neue Gebäude stabil genug sei und nicht einfach umfallen würde, wenn mal ein bisschen stärkerer Wind wehte. Denn sie sagten sich, das Gebäude stehe wie viele andere in der Stadt auf vielen Pfählen – 896 um genau zu sein –, da ist es doch nur logisch, dass es immer wackeliger wird, je höher es wird. Andere wiederum wollten schon vor der Eröffnung wissen, wie es in dem »Wolkenkratzer« aussieht. Die Leute waren so begeistert, dass sie schon während des Baus 25 Cent bezahlten, um ganz nach oben fahren zu dürfen. 25 Gulden-Cent von 1931 wären heute immerhin mindestens zwei Euro.

Mit heutigen Augen betrachtet, sieht der einstige Wolkenkratzer eher bescheiden aus. Bei der Planung setzte man vor allem auf innere Werte: Die Empfangshalle war mit Marmor verkleidet, es gab Zentralheizungen und Müllschlucker. Die 24 Apartments hatten 130 Quadratmeter Wohnfläche und jedes einen eigenen Balkon. Als Miete wurde damals ein Jahresbetrag von 1.600 Gulden aufgerufen. Analog dem obigen Beispiel wären das heute Zehntausende Euros. Nicht billig, aber in dieser Stadt weit davon entfernt, eine Spitzenmiete zu sein.

Adresse Victorieplein 45, 1080 PD Amsterdam (Zuid) | ÖPNV Tram 4, 12, Haltestelle Victorieplein | Google-Maps-Code 8WW3+FP Amsterdam, Niederlande | Tipp Am Singel 7, 1012 Amsterdam steht das schmalste Haus. Nicht nur von Amsterdam, sondern von der ganzen Welt.

110_Die Zevenlandenhuizen

Europäische Union en miniature

1894 fand die Weltausstellung in Antwerpen statt. Aus diesem Anlass entschloss sich der Architekt Tjeerd Kuipers, in Amsterdam eine Straße mit sieben Häusern zu bauen, von denen jedes für eine europäische Stilrichtung steht. Kuipers wurde in der Mitte des 19. Jahrhunderts geboren. Er lebte fast 100 Jahre, bis zur Mitte des 20.; mehrfach musste er also erleben, wie sich die große Idee von einem friedlichen und harmonischen Europa in Luft auflöste.

Aber in den 1890er Jahren bestand noch die Hoffnung, dass sich die Widersprüche und Spannungen zwischen den europäischen Mächten friedlich lösen ließen. Vorsichtig ausgedrückt, haben sich diese Erwartungen nicht im vollen Umfang erfüllt, aber das soll uns nicht davon abhalten, einen genaueren Blick auf die Bauten zu werfen.

Das Haus Nummer 20 steht für die deutsche Romanik. Nummer 22 soll an ein französisches Loire-Schloss erinnern. Nummer 24 an den maurischen Baustil, wie er in Spanien verbreitet war. Nummer 26 ist inspiriert von einem italienischen Palazzo. Nummer 28 zeigt sich in der Manier russischer Kathedralen mit ihren Zwiebeltürmen. Nummer 30 steht für das heimatliche Holland, im Stil der dortigen Renaissance. Und – last, but not least – Nummer 30A: English Cottage.

Wie gut die Idee Kuipers ankam, ist nicht bekannt. Heute wirkt die kleine Straße putzig, hat ein bisschen was von Disneyland und Freizeitpark. Und ob die Repliken bis ins letzte Detail korrekt sind … darüber sollen Experten urteilen. Für Besucher ist die Architekturmeile auf jeden Fall eine überraschende Abwechslung. Wiederholt wurde die Aktion des Baumeisters jedenfalls nicht. Im Hauptberuf war Kuipers Kirchenarchitekt. Er hat in seiner Laufbahn über 50 Gotteshäuser entworfen und bauen lassen. Die meisten davon gibt es nicht mehr. Mit den Häusern seiner miniatureuropäischen Straße hingegen ist der Architekt unsterblich geworden.

Adresse Roemer Visscherstraat, 1054 Amsterdam (West) | **ÖPNV** Tram 3, Haltestelle Van Baerlestraat | **Google-Maps-Code** 9V6G+HX Amsterdam, Niederlande | **Tipp** Das Amsterdam Centre for Architecture (Arcam), Prins Hendrikkade 600, 1011 VX Amsterdam, wo es Dinge zu bestaunen, Bücher zu kaufen und Tipps gibt.

111 Der Zorgvlied-Friedhof

Brood und Spiele

Was das Verhältnis zum Tod betrifft, gibt es in den Niederlanden im Allgemeinen und in Amsterdam einige bemerkenswerte Besonderheiten. Unbelastet von den im Dritten Reich begangenen Verbrechen, wird für Sterbehilfe hier gerne und unbefangen das Wort Euthanasie verwendet. Es gibt Organisationen, die sich für ein selbstbestimmtes Lebensende einsetzen und auch ein zu diesem Zweck verabreichtes Selbsttötungsmittel X.

Vor einiger Zeit machte die Nachricht von einer Niederländerin die Runde, die noch keine 30 und im Wesentlichen gesund, aufgrund von Depressionen wünschte, ihr Leben zu beenden. Ihrem Wunsch wurde entsprochen. Aber auch das Ende von Prominenten ist mit dieser Stadt verbunden. Herman Brood, in Deutschland als Musiker und Lover von Nina Hagen bekannt, in seiner Heimat auch als Maler, setzte seinem Leben mit einem Sprung vom Dach des Hilton Hotels (siehe Ort 96) ein Ende.

Herman Brood liegt auf dem Friedhof Zorgvlied begraben. Im Grab PAR/I/0009, um genau zu sein. Zorgvlied ist über 150 Jahre alt. Der Friedhof wurde 1870 eröffnet, im Laufe der Zeit fanden hier viele niederländische Berühmtheiten ihre letzte Ruhestätte, neben Herman Brood auch der Schriftsteller Harry Mulisch.

Dass es auf einem Friedhof um die letzten Dingen geht, ändert nichts daran, dass man sich auch hier mit ganz irdischen Problemen rumschlagen muss. So schreibt Zorgvlied aufgrund gestiegener Energiekosten und unbezahlter Grabgebühren rote Zahlen. Und nein, das ist nicht als schwarzhumorige Schlussbemerkung gedacht, sondern leider die Wahrheit.

Um aber nicht ganz so düster zu enden: Am Muntplein, in der Vijzelstraat 3, gibt es einen Fotoladen namens Heno. Und dort sind im Schaufenster immer noch Passbilder von der jungen Nina Hagen und Herman Brood zu sehen, die sie wohl in Zeiten machen ließen, als der Himmel noch blau und nicht grau und wolkenverhangen war.

Adresse Amsteldijk 273, 1079 LL Amsterdam (Zuid) | ÖPNV Tram 4, Haltestelle Europaplein | Google-Maps-Code 8WP3+4X Amsterdam, Niederlande | Netz zorgvlied.amstelveen.nl | Tipp Das Museum *Tot Zover* (etwa: Bis dann) beschäftigt sich auf unsentimentale Weise mit den letzten Dingen (Kruislaan 124, 1097 GA Amsterdam).

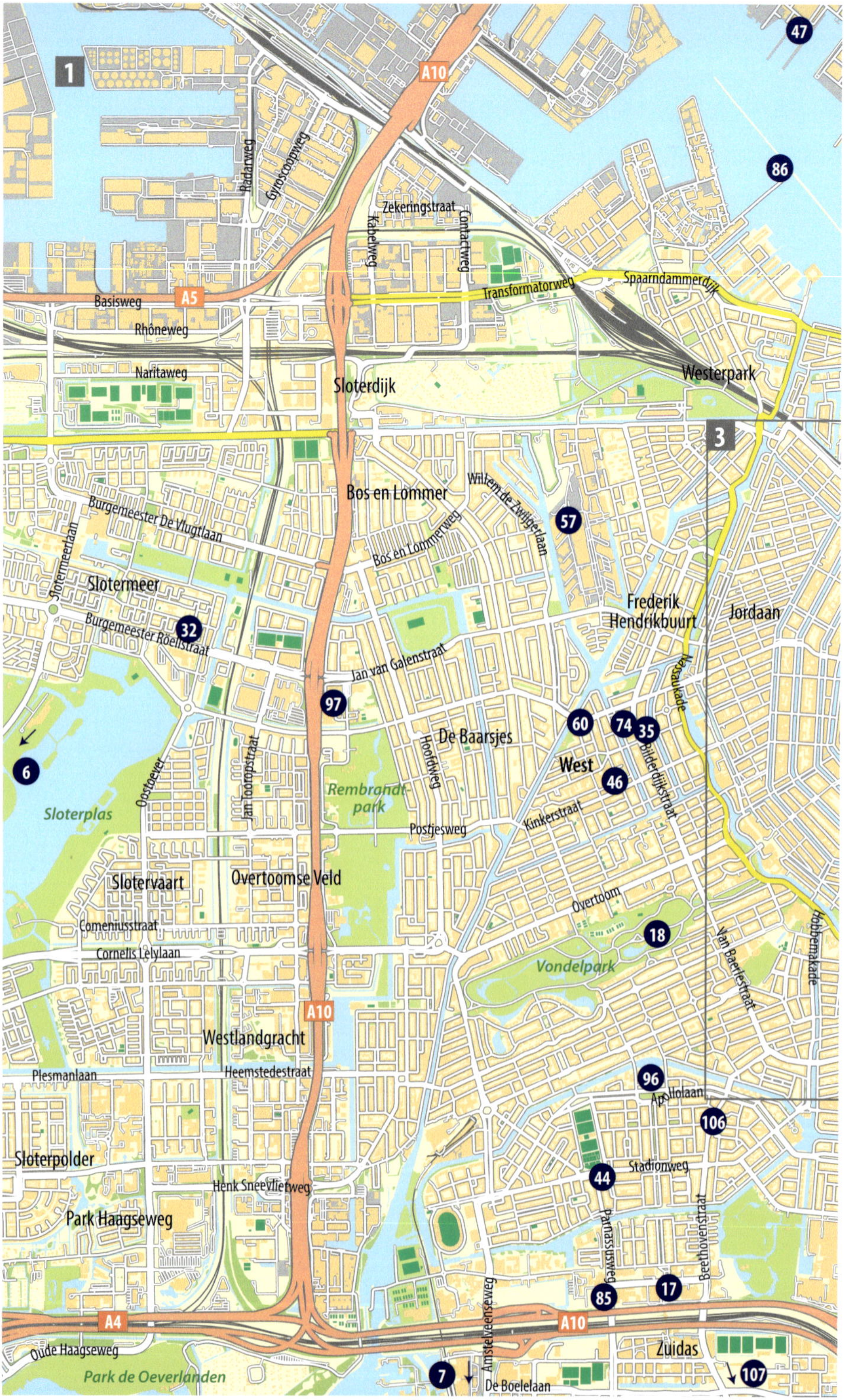
1
3
A10
A5
A4
Radarweg
Gyroscoopweg
Zekeringstraat
Kabelweg
Contactweg
Transformatorweg
Spaarndammerdijk
Basisweg
Rhôneweg
Naritaweg
Sloterdijk
Westerpark
Bos en Lommer
Willem de Zwijgerlaan
Burgemeester De Vlugtlaan
Bos en Lommerweg
Slotermeerlaan
Slotermeer
Burgemeester Röellstraat
Frederik Hendrikbuurt
Jordaan
Jan van Galenstraat
Nassaukade
De Baarsjes
West
Bilderdijkstraat
Hoofdweg
Rembrandtpark
Oostoever
Jan Tooropstraat
Sloterplas
Postjesweg
Kinkerstraat
Slotervaart
Overtoomse Veld
Overtoom
Comeniusstraat
Cornelis Lelylaan
Vondelpark
Van Baerlestraat
Hobbemakade
Westlandgracht
Plesmanlaan
Heemstedestraat
Apollolaan
Sloterpolder
Stadionweg
Henk Sneevlietweg
Park Haagseweg
Parnassusweg
Beethovenstraat
Amstelveenseweg
Zuidas
Oude Haagseweg
Park de Oeverlanden
De Boelelaan
47
86
57
32
97
6
60
74
35
46
18
96
106
44
17
85
7
107

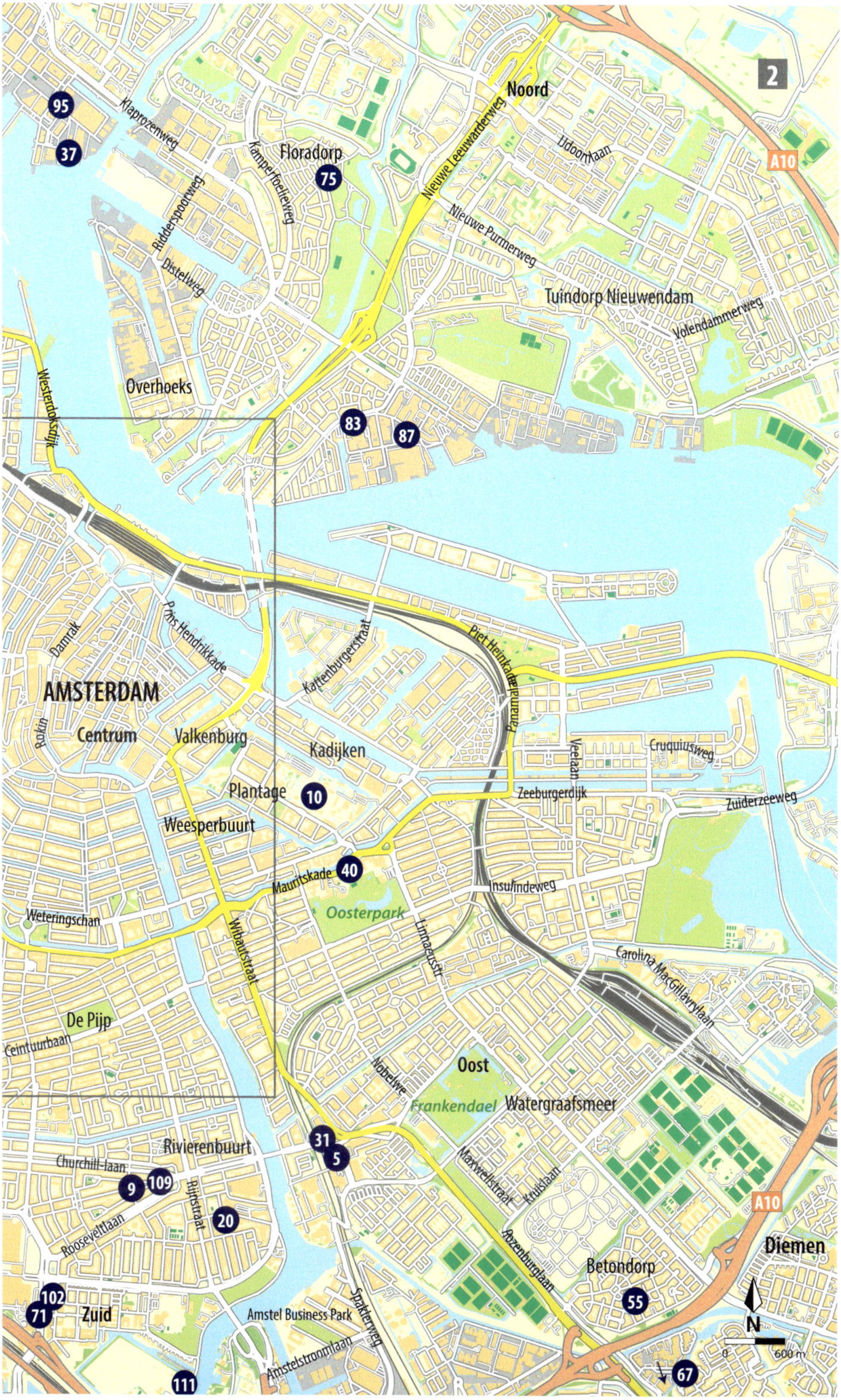
2
Noord
Floradorp
Klaprozenweg
Kamperfoelieweg
Nieuwe Leeuwarderweg
IJdoornlaan
A10
Ridderspoorweg
Distelweg
Nieuwe Purmerweg
Tuindorp Nieuwendam
Volendammerweg
Overhoeks
Westerdoksdijk
Prins Hendrikkade
Damrak
Piet Heinkade
Kattenburgerstraat
AMSTERDAM
Centrum
Valkenburg
Kadijken
Panamalaan
Veelaan
Cruquiusweg
Rokin
Plantage
Zeeburgerdijk
Zuiderzeeweg
Weesperbuurt
Mauritskade
Insulindeweg
Oosterpark
Weteringschan
Linnaeusstr.
Wibautstraat
Carolina MacGillavrylaan
De Pijp
Ceintuurbaan
Oost
Hobbemastr
Frankendael
Watergraafsmeer
Rivierenbuurt
Churchill-laan
Rijnstraat
Maxwellstraat
Kruislaan
Rooseveltlaan
Rozenburglaan
Betondorp
Diemen
Zuid
Amstel Business Park
Spaklerweg
Amstelstroomlaan
N
0
600 m
95
37
75
83
87
10
40
31
5
9
109
20
102
71
111
55
67

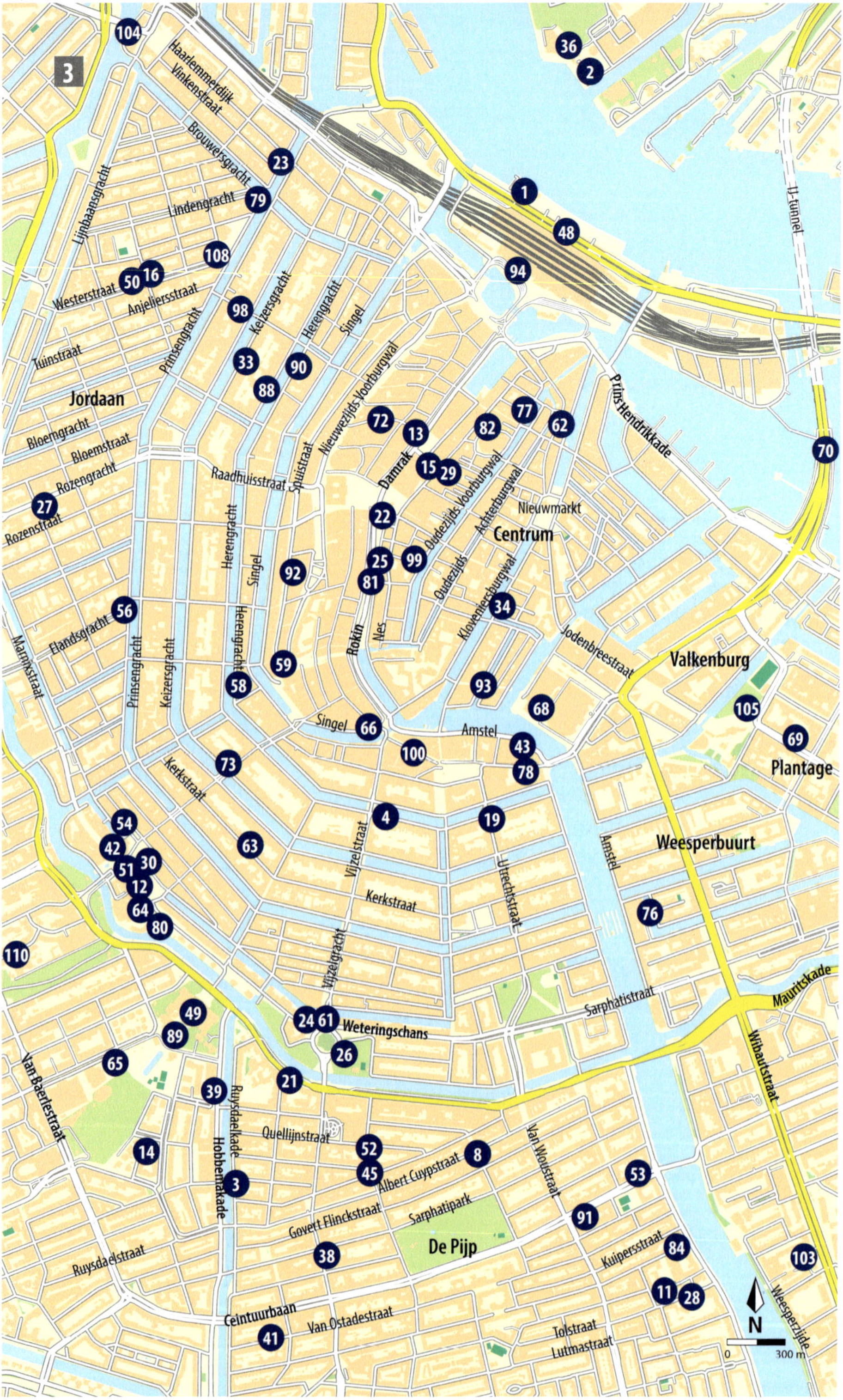

3
Haarlemmerdijk
Vinkenstraat
Brouwersgracht
Lijnbaansgracht
Lindengracht
Westerstraat
Anjeliersstraat
Tuinstraat
Prinsengracht
Keizersgracht
Herengracht
Singel
Nieuwezijds Voorburgwal
Jordaan
Bloemgracht
Bloemstraat
Rozengracht
Rozenstraat
Raadhuisstraat
Spuistraat
Damrak
Oudezijds Voorburgwal
Achterburgwal
Oudezijds
Nieuwmarkt
Centrum
Prins Hendrikkade
IJ-tunnel
Kloveniersburgwal
Jodenbreestraat
Valkenburg
Plantage
Elandsgracht
Marnixstraat
Rokin
Nes
Amstel
Kerkstraat
Vijzelstraat
Utrechtsestraat
Weesperbuurt
Vijzelgracht
Weteringschans
Sarphatistraat
Mauritskade
Wibautstraat
Van Baerlestraat
Ruysdaelkade
Hobbemakade
Quellijnstraat
Albert Cuypstraat
Van Woustraat
Govert Flinckstraat
Sarphatipark
De Pijp
Ruysdaelstraat
Kuipersstraat
Ceintuurbaan
Van Ostadestraat
Tolstraat
Lutmastraat
Weesperzijde
N
0
300 m

Kathleen Becker
111 Orte in Lissabon, die man gesehen haben muss
ISBN 978-3-7408-2323-8

Dorothee Fleischmann,
Carolina Kalvelage
111 Orte in Budapest, die man gesehen haben muss
ISBN 978-3-7408-2325-2

Kay Walter
111 Orte in Antwerpen, die man gesehen haben muss
ISBN 978-3-7408-2119-7

Joscha Remus
111 Orte in Transsilvanien, die man gesehen haben muss
ISBN 978-3-7408-0856-3

Peter Eickhoff
111 Orte in Wien, die man gesehen haben muss
ISBN 978-3-7408-1975-0

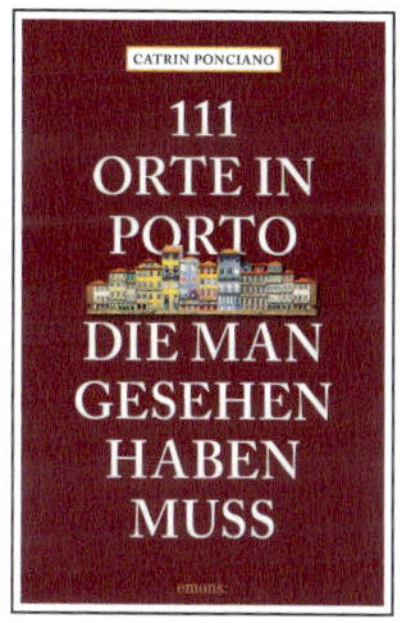

Catrin Ponciano
111 Orte in Porto, die man gesehen haben muss
ISBN 978-3-7408-1978-1

Sabine Kiesewein, Carl Lang
111 Orte auf Fuerteventura, die man gesehen haben muss
ISBN 978-3-7408-1973-6

Kay Walter
111 Orte in Brügge, die man gesehen haben muss
ISBN 978-3-7408-1712-1

Cornelia Lohs
111 Orte in Bern, die man gesehen haben muss
ISBN 978-3-7408-2000-8

Oliver Zwahlen
111 Orte in Zürich, die man gesehen haben muss
ISBN 978-3-7408-1381-9

Beate C. Kirchner
111 Orte in Florenz und im Norden der Toskana, die man gesehen haben muss
ISBN 978-3-7408-1630-8

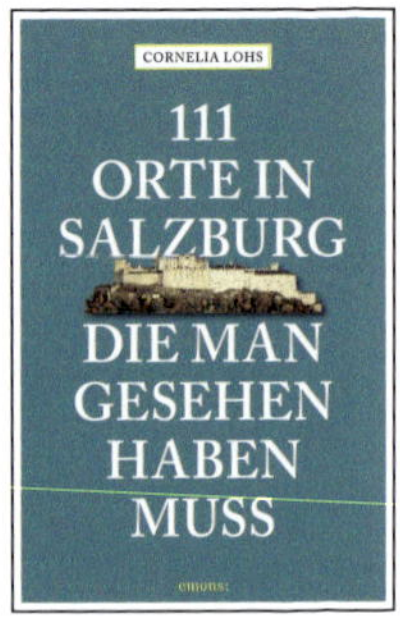

Cornelia Lohs
111 Orte in Salzburg, die man gesehen haben muss
ISBN 978-3-7408-1221-8

Annett Klingner
111 Orte in Rom, die man gesehen haben muss
ISBN 978-3-7408-1628-5

Jeroen Kuiper
111 Orte in Warschau, die man gesehen haben muss
ISBN 978-3-7408-0978-2

Julia Csabai
111 Orte in Sofia, die man gesehen haben muss
ISBN 978-3-7408-0862-4

Lucia Jay von Seldeneck
111 Orte in Berlin, die man gesehen haben muss
ISBN 978-3-7408-1680-3

Gabriele Haefs
111 Orte in Oslo, die man gesehen haben muss
ISBN 978-3-7408-1088-7

Rolando Grumt Suárez
111 Orte in Barcelona, die man gesehen haben muss
ISBN 978-3-7408-0994-2

Fotonachweis

Ort 2: Martijn Kort; Ort 6: Edwin Raap; Ort 16: De blaffende vis; Ort 22: LvF Photography; Ort 23: Gözde Otman; Ort 25: Kees Hummel; Ort 28: Susana Martins; Ort 33: Embassy of the Free Mind; Ort 40: Pillows Amsterdam; Ort 41: Tommy Smits; Ort 43: Free Willie; Ort 44: Betty Koster; Ort 46: De Hallen; Ort 47: Helling 7; Ort 52 Wed & Walk; Ort 67: Hans van den Bogaard; Ort 69: Nationaal Holocaust Museum; Ort 70: Olivier Middendorp; Ort 77: Rebekka Mell; Ort 83: Pink Beach; Ort 85: Rechtbank Amsterdam; Ort 87: Roetz Fair Fiets; Ort 88: Mirte Goes; Ort 89: Bibi Veth; Ort 90: Sauna Deco; Ort 91: Max Roggeveen; Ort 95: Dennis van Tol; Ort 98: Wouter Le Duc; Ort 99: Torpedo Theater; Ort 102: The Upside Down; Ort 104: Isaella Fiorante; Ort 111: Elisabeth Beelaerts

Thomas Fuchs liebt Orte am Meer. In dieser Reihe erschienen von ihm 111 Orte in Amsterdam, 111 Orte in Nordholland und 111 Orte auf Usedom. Dass er Flüssigem gegenüber grundsätzlich positiv eingestellt ist, zeigt der Band 111 deutsche Biere, die man getrunken haben muss.